深层技术

世界の未来を切り拓く

「眠れる技術」

[日] 丸幸弘 尾原和启 著

潘春艳 译

人民东方出版传媒
People's Oriental Publishing & Media
東方出版社
The Oriental Press

前言

作为揭示 AI（人工智能）革命以及 AI 超越人类能力临界的新名词，“Singularity（技术奇点）”已流行多年。随着科学技术呈指数级进化，日本的主流观点却趋于悲观，诸如“工作岗位被机器人夺走”“（日本）已经落后于中国整整两轮”之类的不安论调不绝于耳。

纵观世界，全球财富集中于约 1% 的人手中，而尚有约 10% 的人口在贫困中苦苦挣扎。这种贫富差距不但未缩小，反而不断扩大，愤怒驱使的抗议和暴动频频发生。

而资源问题也在不断显现。人类若继续保持当下的生活方式，到 2030 年，需要两个地球的资源才能维持和满足。换言之，各种资源面临枯竭。

没错，地球母亲在发出悲鸣。

回望20世纪后半期，日本曾被誉为“高科技大国”。以高端技术为背景，以制造业为核心的产业撑起了日本的经济发展，使其成为全球屈指可数的经济大国。可是如今的日本却被科技潮流抛在了后面。等待日本的，难道只有灰暗的前途吗？

考察东南亚的多个项目后，发现未来的发展潜力

我曾经在NTT DOCOMO、Recruit、Google等国际大企业负责拓展公司新事业。我曾经也不看好日本未来的发展，因此一度离开了日本，但对故土的感情从未改变。虽移居东南亚，但我依然一直在冷静地关注日本，思考日本未来的发展和前途，并力所能及地做了一些事情。比如对支援“贡献社会的创业者”的项目提供协助，写一些阐明未来可能性的书和文章……总之，我在绞尽脑汁地想办法做点什么。

在这过程中，我得以与Leave a Nest株式会社的丸幸弘先生邂逅。他是Euglena株式会社的投资创始人之一。Euglena株式会社是一家研发、生产藻类眼虫相关生物产品的初创企业，且已成功上市。“东南亚的深层技术（Deep Tech）可不得了哦！”那大约是在半年前，记得他对我如此

“劝诱”时，满脸纯真的笑容和天真无邪的眼神中透露出难以掩饰的好奇心。

于是，我随他考察了诸多企业，眼前呈现的是诸多涉足深层技术的初创企业的耀眼活力——它们自由运用世界最尖端的技术，致力于解决当地社会根深蒂固的问题。

让我惊叹的是创业者的多样性。既有稚气未脱的学生，也有饱经历练的长者；既有女性，也有男性。他们充满热情地对我娓娓道来，包括“如何用技术解决当下的社会问题”“如何建立可运作的商业模式”等。

承蒙丸先生主持发起的科技项目孵化活动——“TECH PLANTER”，我得以考察印度尼西亚、菲律宾、越南、泰国、马来西亚、新加坡的共计 70 多个项目。通过这番考察，我发现东南亚的深层技术潮流绝非零散性的，而是一种愈演愈烈的大趋势，且可谓能够形成新产业的“成功典型”，而日本能在其中扮演至关重要的角色。

在该“深层技术”的大潮中，日本拥有的“沉睡科技”能够提供莫大的价值。我确信日本拥有这种潜力。

怀揣着这份激荡于心的激情，我思索着“如何向大众传达这股新潮流”，于是找到日经 BP 社的原隆先生，他后来成了推进本书成书的编辑之一。他本人亦在关注该领域，因此本书的选题立项水到渠成，并最终得以出版。

我最早找原隆先生商议是在2019年5月末。之后我以满腔热情，将这股深层技术的潮流以构造化的方式付诸文字，最终著成此书。因此，本书旨在捕捉以“现在进行时”推进着的产业结构变革，内容可谓十分“接地气”。而在这场变革中，便蕴藏着新的商机。

另外，Leave a Nest株式会社的丸幸弘先生作为本书的主要作者，已持续支持深层技术领域的初创企业长达十多年，他无疑是日本深层技术界的“始祖”。他所提炼和阐述的理论框架及具体案例，不仅对日本的创业者，乃至对大企业的市场研发部门和技术部门而言，都是有用的“成功典型”。

技术并非为了让人恐惧而存在。

技术并非为了助长贫富差距而存在。

技术并非为了隔绝人类交流而存在。

当今，人类与技术的关系被误解，因此我们有必要重新审视技术的本质。“不让一个人被落下”“实现人类可持续发展”“如何解决社会问题”“如何贡献社会”……这些才是技术存在的意义。

日本已结束长达31年的“平成”时代，进入了全新的“令和”时代。下一个30年，日本能开创出怎样的崭新未来呢？日本应该置身于“深层技术”这一时代大潮中，与海外伙伴，特别是亚洲国家和地区携手，毅然挑战大家直面的紧迫难题。

“日本的未来要由日本人开创”，这句话听起来或许理所当然，但这简明的道理，正是本书的中心思想。

所谓“深层技术”，其具体为何？其现状又如何？对于这些问题，本书第一章将做精练化的阐述。如果您此时正站在书店的书架旁，请务必姑且花15分钟看完第一章。相信您势必会为技术创造的新潮流感到兴奋和激动。

来，让我们一起跃入深层技术的世界吧！

尾原和启

目录

第一章 何为“深层技术”？

第二章 了解“深层技术”的源头

第三章　海外刮起的“深层技术旋风”

第四章　深层技术让日本的潜力“开花结果”

第一章

何为“深层技术”？

技术大潮波及各大产业，非连续性的革新在这10年间不断加速扩展。2005年后，广告业界运用新技术，使“Ad Tech”（数字营销）概念兴起。与此同时，金融业亦与新技术融合，使“金融科技（数字营销）”萌芽。不仅如此，该潮流动向同时间波及各行各业，在教育领域催生了“Ed Tech”（数字教育），在农业领域催生了“Agri Tech”（数字农业），在保险领域催生了“Insur Tech”（数字保险）等。

在此大潮中，以欧美和东南亚为核心，“Deep Tech（深层技术）”的概念逐渐被人接受。“Deep”，顾名思义，是“深度、深层”之意，但与上述概念不同，其并无具体所指，因为它未涉及某个特定的行业。

所谓深层技术，是以技术为工具，解决深层问题（Deep Issue）的思维方式或活动。那么，其具体定义是什么呢?

一个参照标准是2011年在巴黎设立的名为“Hello Tomorrow”的NPO（非营利组织）。根据其官网描述，其活动内容为“为最尖端的深层技术、研究者及创业公司与大企业、投资家、政府机关及媒体等牵线搭桥，从而促进革新性技术的市场化发展”。且其将“从事业角度出发的深层技术特征”定义如下：

1. 冲击大。
2. 需要时间积累方能产品化。
3. 需要相当大的资本投入。

至于“技术方面的特征”，他们列举出以下几点：

1. 技术崭新，且大幅领先于既有技术。
2. 需要根本性的研发支持，使其从实验室走向市场。
3. 着眼于社会性或环境性的全球化问题，提出变革性的解决方案。
4. 打破既有产业，孕育新市场。
5. 作为支撑的知识产权难以被复制，或者保护周到，使得进入市场的门槛较高。

以此为参考，本书将“深层技术”定义如下：

1. 社会性冲击大。

2. 需要根本性的研发支持，使其从实验室走向市场。

3. 需要时间积累方能产品化，且需要相当大的资本投入。

4. 除知识产权外，创业者的热情、项目的故事性、对知识的组合利用、优秀团队等特质，使得进入市场的门槛较高。

5. 着眼于社会性或环境性的全球化问题，提出变革性的解决方案。

各位是否发现了本书与“Hello Tomorrow”的定义的差别?

在“Hello Tomorrow”的定义中，其强调了“技术崭新，且大幅领先于既有技术”“作为支撑的知识产权难以被复制，或者保护周到，使得进入市场的门槛较高”以及“打破既有产业，孕育新市场”。

但从本书的内容主旨——“介绍通过深层技术解决深层

问题的意义、创意和事例”可以看出，“Hello Tomorrow”的上述3点定义与本书的“深层技术”不符。诸如“既有技术、老旧技术、沉睡着的技术依然大展拳脚”的案例数不胜数。不仅是知识产权，从创业者的热情、项目的故事性、对知识的组合利用等角度看，有的项目照样拥有较高的市场门槛，且不但不破坏既有产业，反而让它们重获新生。

BCG（Boston Consulting Group，波士顿咨询公司）与“Hello Tomorrow”开展的调查结果显示，从2015年至2018年的4年间，对于7大类深层技术项目的全球民间投资总额高达180亿美元。

让我们来看一个代表性案例。棕榈油是全世界最普遍的植物油种，它提取自油椰子的果肉，除了用作食用油之外，还是制造人造黄油和肥皂的原料，且近来还被用于生物燃料，可见其用途极为广泛。

而全球85%的棕榈油产自印度尼西亚和马来西亚，其已成为这两个国家的大型产业。在过去，由于急速开发，伴随而来的恶劣劳动环境一度成为社会问题，而如今该产业所面临的问题有所不同——倘若这种种植园生产模式（大量栽培单一作物的大规模农园）持续不变，则环境污染有不断扩大之虞。

图 1–1 废弃残渣

注：棕榈油已在印度尼西亚和马来西亚形成巨大的产业。榨油之后的废弃残渣日渐成为社会问题。

在印度尼西亚和马来西亚，压榨出棕榈油后的残渣（棕榈核粕）数量巨大，每年要产生大约 540 万吨。其大多数被放置处理，用于生成沼气。

前文提到，棕榈油的原料是油椰子，这种椰子的椰壳又硬又重，因此榨油作业极为繁重，但通过利用日本的既有技术，问题得以解决——将残渣分解为细纤维，加上印度尼西亚的一家深层技术型初创企业所开发的素材，便能从残渣纤维中提取出甘露聚糖。在生产鸡饲料时，需要添加生长促进剂，而甘露聚糖是一种非常好的替代物。于是，之前苦于难以处理的残渣，脱胎换骨为一种新产品。

可见，所谓深层技术，并非一定要依靠被专利严密保护的尖端技术来解决问题。“用技术解决紧迫的社会问题”才是其目的所在，至于是使用时髦的新技术还是“衰萎”的旧技术，则完全取决于现实需要。

察觉“沉睡科技”的价值所在

倘若剖析深层技术当今如此获得关注的原因，则最终视线会落到“社会效度”（Social Validity）层面。

回顾日本的历史，亦有过经济成长产生弊端，乃至恶化为社会问题的时期。公害问题可谓典型。其最早可追溯到足尾铜山矿毒事件，而在20世纪60年代，亦有水俣病、新潟水俣病、富山县疼痛病、四日市哮喘病等公害事件。引发这些公害的企业相继被起诉，“企业的社会责任”开始成为公众关注的话题。

某个当事者的决策影响到其他经济主体的决策，经济学把这种现象称为外部效应中的“外部不经济”[①]，而公害正

① 外部不经济通常指对外部有害的产出物，这类产出物会对社会和环境产生负面效应，比如污染、犯罪等。——译者注

可谓其中的典型。而“社会效度”则旨在网罗各领域的利益相关者（Stakeholder），进而打造出一个能将“外部不经济”扼制于萌芽阶段的经济圈。

截至2000年，东盟（ASEAN）的总人口约为5.2亿，2015年则增至6.3亿。有预测称，在2025年之前，仅菲律宾和印度尼西亚两国，就会合计再增加5000万人口。如此人口爆发的东南亚，今后的确可能发生“外部不经济”现象。但反过来看，通过利用日本的各种技术，这些国家亦有余地开展“让社会效度扎根”的企业活动。

日本拥有诸多“沉睡科技”。然而许多日本人并未察觉，这些技术在解决世界各国的社会问题方面能够发挥作用。

英国有一家名为Riversimple的公司，它不仅提供车辆租赁服务，其服务还涵盖车辆的油费、保养维护费，甚至包含保养维护时的代步车使用费，是一种月额定额制订购（Subscription）型租车服务。

如今，订购型服务不仅限于汽车，已扩展至各个领域，大家也对之逐渐司空见惯。但从“外部不经济”的视角来看，这可谓社会迎来的一大转型期。

凡是机器，都要定期保养维护才能用得久，汽车亦不例外。但在传统的销售模式下，车主往往由于嫌“去保养太麻烦”“保养期间没车开，不方便”等，拖延对车辆的保养。其结果导致汽车寿命缩短，报废更新变得频繁，最终产生过多的浪费和垃圾，等于陷入了一种恶性循环。这便是用户自身造成“外部不经济”的典型。

与之相对，那些使用诸如 Riversimple 等公司的订购型服务的英国用户，则不会对保养、维护心生抗拒。这使得保养能及时实施，于是汽车寿命延长，等于生成了一种环境友好型的良性循环。

在制造业方面，日本企业原本就在发挥类似作用。不少日本产品在海外获得“耐用”的赞誉，“日本制造”（Made in Japan）拥有品牌力。然而，很少有日本企业察觉到这种“制造能力”能够灵活应用于“可持续增长”（Sustainable growth）领域。眼看全球有不少产业已然向“订购型服务”转型，日本企业面对自身拥有的“沉睡科技”，应该去发掘其本来的价值。

而更为重要的是，在各种产业业已成熟的国家，这些技术的“用武之地”实为有限。打个比方，假如“不会破的丝袜”开卖，则消费者不用再像以前那样不断买新丝袜，那么丝袜生意最终会无钱可赚。可见，提供便利性与建立商业模式，这二者之间往往相悖，最终阻碍创意的开花结果。从这个层面看，像东南亚这种新兴市场（Emerging Market）由于许多领域还都是白纸一张，因此推进新事业的潜力更大。

去中心化社会的商机

从前文的印度尼西亚和马来西亚的棕榈油案例可见，其着眼于基于某种目的而开展的生产过程中的副产品（By-product）。要实现深层技术，副产品是极为重要的因素。

在深层技术的概念中，还有一个关键词是“去中心化”（Decentralized）。其意为非中央集权的、分权的、分散的，是“中心化”（Centralized）的反义词。

至于深层技术去中心化的具体例子，自来水、供电、交通工具等基建领域便是典型。基建工程原本是中心化的产物，一般由国家政府主导推进。

但有个疑问是，从维护成本方面考虑，目前的基建形态究竟是否合理呢？比如煤气管道需要定期挖出来检查和修补。与之相比，一些地区还是使用罐装液化气更为经济，通过智能化煤气表控制，还能提高搬运效率。换言之，与中心化的基建相比，去中心化的基建或许更具“可持续性”。

加速这种去中心化的技术已开始萌芽。还是以罐装液化气为例，传统的罐装液化气需要装在耐高压的钢材容器中，因此大的液化气罐重达 60 公斤，搬运起来费时费力，成本较高。

但来自京都大学的深层技术型初创企业“Atomis”的项目引起了人们的注意。他们开发出了一种新型高压液化气罐，其重量是传统液化气罐的 1/5 左右。其技术原理是在碳纤维强化塑料（CFRP）中置入“多孔性金属配合物”，再将液化气体注入该多孔性金属配合物中。传统液化气罐为了承受高压气体，采用厚重的金属材质，而该技术是让气体吸附在金属中，因此能够实现小体积和轻量化，便于搬运。

该技术一旦普及，那些在维护传统基建方面“入不敷出”的地区便能推进液化气供给的去中心化。

且该技术不仅可被用在日本，在海外也大有潜力。比如拥有 14000 多个岛的印度尼西亚和其他东南亚岛国，这些由无数小岛构成的国家，正需要该技术。依靠深层技术推进去中心化，还能促进过度集中于大城市的人口转向分散化。这样一来，便能缩小地域间差异，地方城镇也好，远离陆地的小岛也好，人们都能保持一定的生活水准。这样的社会即将到来。

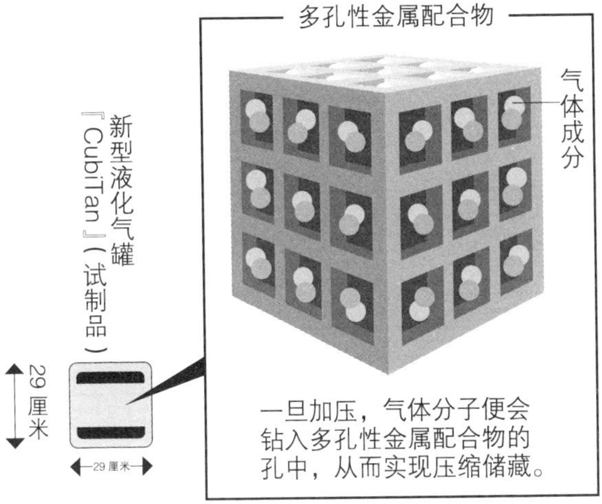

注：传统液化气罐将压缩气体储藏于厚重的金属内侧，因此体积较大，搬运起来费时费力，成本较高。与之相比，Atomis 开发的“CubiTan”由于采用了“将气体吸附于金属中”的构造，能够实现小体积和轻量化，从而方便搬运。对于那些在维护传统基建方面“入不敷出”的地区，该技术在推进液化气供给的去中心化方面具有潜力。

图 1–2　等量的液化气，以更小的体积储藏

再次受到瞩目的“PSSD”①

经营了100年以上的“老字号企业”，在日本达33000多家。而经营了200年以上的企业，全世界大约共有5500家，其中56%在日本。日本为何有如此多的“长寿企业”，其原因可以举出很多。但有一个观点自然而合理，那便是“其中势必存在某种可持续性的机制”。

生物世界中有“互惠共生”的概念，指的是不同生物在同一场所生存时，所形成的互利共生关系。而诸如“Uber（优步）”和“Grab”等共享经济范畴的企业，其所处的环境亦是一种互惠共生的世界。对于提供这类网约车服务的企业而言，所不可或缺的商业伙伴是诸如“丰田汽车”和“本田技研工业”这样的车企。

建立这种“互惠共生”生态，一直是日本的强项。也正因如此，日本企业之间形成了共生关系，使得长青企业众多。可如今，西方的“零和博弈”（zero-sum game）思潮在日本横行，导致上述优秀传统正在逐渐丧失。

大约10年前，便存在一种名为“PSSD”的理论，它是

① 产品服务系统设计。

Product（产品）、Service（服务）、System（系统）和 Design（设计）的缩写。进入 21 世纪后，消费世界将从“物”转型为“事”的论调一度流行。加上当今共享经济的繁荣，可以认为“保有”的时代正在终结，而“利用”的时代正在到来。在这种变革大潮下，“PSSD”这种思维方式再次受到瞩目。因为消费世界已然进入需要兼顾“物”和“事”两方面的阶段，而与之匹配的设计自然不可或缺。

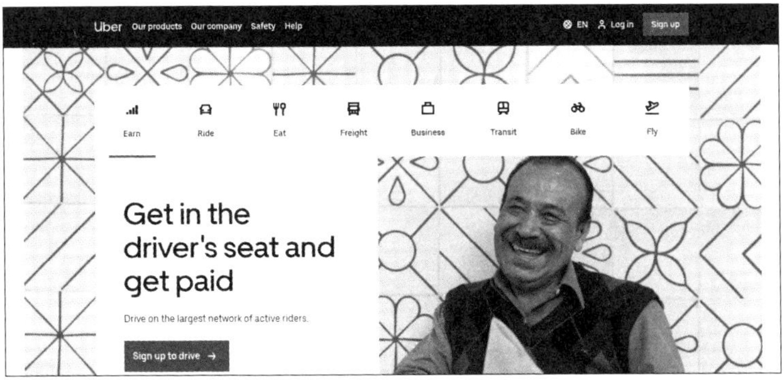

图 1-3　Uber 官网

无论是网约车公司 Uber，民宿中介服务公司爱彼迎（Airbnb），还是月额制租衣平台 airCloset，它们皆为“物品物件服务化”趋势中的弄潮儿。此外，美国的电动汽车（EV）制造商特斯拉（Tesla）也通过软件升级的方式，为售出产品提供崭新的功能。像这样，通过将传统软件AI（人工智能）化，使硬件本身不断智能化，甚至具备脱胎换骨般的全新性能。

将产品的魅力以SaaS（Software as a Service，软件即服务）的方式提供给消费者。随着这种潮流的抬头，将“产品”和“服务”通过系统化设计而有机连携的必要性在日渐增长。

图 1-4　Grab 官网

对于购入的产品，消费者自然会认为“这是自己的东西”，即所谓的“占有感”。另外，服务能够连接和拓展各种可能性。产品所提供的“占有感”和服务所提供的“联系感”，如何打造能够同时满足这二者的用户体验，这是这个时代亟须思考的问题。

图 1–5　Airbnb 官网

而且随着实现 SDGs（Sustainable Development Goals，可持续发展目标）大潮的推进，“如何影响整个社会”的概念日益重要。若基于“可持续性”的概念，考虑世界上规模最大的系统（整个地球和生态圈）就变得越发重要，而由此建立“新循环”的需求也逐渐显现。

通过树立“可持续性 PSSD”的理念，企业和个人便能更有效地针对深层问题实施对策。

深层技术领域的三种商机

至于企业能在深层技术领域大展拳脚的类型，可大致分为以下三种。

图 1–6　airCloset 官网

第一种是“事业扩大型”，即立足于新兴市场，以力图解决深层问题的人为对象。第二种是“技术再利用型”，即充分利用自身的制造业优势，让“生产制造特性优异产品”的技术发挥“第二春”。这些技术在日本或许随着时代变迁和商业模式的变化已不再闪耀，但其在新兴市场却能够找到“用武之地”。第三种是“经验沿用型”，即那些旨在解决日本内部深层问题的创业公司，完全可以将相关知识经验照搬到新兴市场。

总之，对于那些力图解决紧迫社会问题的新兴市场的深层技术型初创企业，日本企业能够大展拳脚的空间很大，不管对日本的大企业、中小企业，抑或创业公司而言，皆是如此。

但深层技术亦存在问题——短期内难以收回投资成本。尤其是 VC（Venture Capital，风险投资）机构等的投资资金走向，其之前往往回避像深层技术这种需要长期投资的领域。虽说深层技术一旦实现产业化，则回报颇丰，但较为短视的意见至今依然在风投界根深蒂固。

这种思潮主要来自欧美，使得风投趋向于为“能在极短期间内达到较大规模的事业”砸钱。然而，纵观 1989 年和 2019 年的全球企业市值排行榜可以发现，1989 年的前 50 强中，日本企业占 32 家；可在 2019 年的前 50 强中，却只剩下排名第 35 位的“丰田汽车”一家了。

想到接下来的 30 个年头，倘若日本企业依然“在同一维度与对手竞争”，则恐无“再出头之日”，甚至连追赶都谈不上。但在深层技术领域，日本企业拥有的“沉睡科技”则有机会获得再利用，从而发挥出他国不具备的优势。正因如此，日本企业当下应关注深层技术。

表 1-1 全球企业总市值排行榜变化情况

企业名		
排名	1989 年	2019 年
1	NTT	微软
2	日本劝业银行	苹果
3	住友银行	亚马逊
4	富士银行	Alphabet
5	第一劝业银行	Facebook
6	IBM	伯克希尔·哈撒韦
7	三菱银行	腾讯
8	埃克森	阿里巴巴
9	东京电力	摩根大通
10	荷兰皇家壳牌	维萨
11	丰田汽车	强生
12	GE	雀巢
13	三和银行	沃尔玛
14	野村证券	埃克森美孚
15	新日本制铁	宝洁
16	AT&T	中国工商银行
17	日立制作所	美国银行
18	松下电器	万事达卡
19	菲利普莫里斯	中国建设银行
20	东芝	荷兰皇家壳牌
21	关西电力	华特迪士尼
22	日本长期信用银行	三星电子
23	东海银行	AT&T

（续表）

企业名		
排名	1989 年	2019 年
24	三井银行	中国平安保险
25	默克	罗氏
26	日产汽车	思科
27	三菱重工业	联合健康集团
28	杜邦	家得宝
29	GM	雪佛龙
30	三菱信托银行	Verizon 通信
31	BT	可口可乐
32	贝尔南方	英特尔
33	BP	台积电
34	福特汽车	富国银行
35	阿莫科	辉瑞
36	东京银行	默克
37	中部电力	诺华
38	住友信托银行	LVMH 路威酩轩
39	可口可乐	百威英博
40	沃尔玛	康卡斯特
41	三菱地所	波音
42	川崎制铁	中国农业银行
43	美孚	甲骨文
44	东京燃气	丰田汽车
45	东京海上火灾保险	百事
46	NKK	中国移动
47	ALCO	联合利华

（续表）

企业名		
排名	1989 年	2019 年
48	日本电机	花旗集团
49	大和证券	中国石油
50	旭硝子	HSBC 汇丰控股

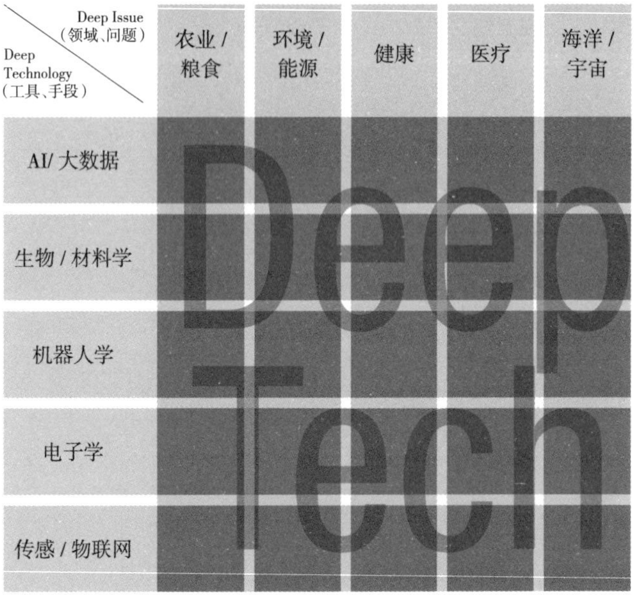

图 1–7　DeepTech 分类

注：深层技术可分为“技术”和“行业”两大块。由于其以“问题”为前提，因此有时会采用多种技术手段。

那么深层技术包括哪些领域呢？其大致可分为“技术”

和“行业”两大块。技术包括AI/大数据、生物/材料学、机器人学、电子学、传感/物联网（The Internet of Things，IoT）等；而行业则包括农业/粮食、环境/能源、健康、医疗、海洋/宇宙等。二者相互组合，构成了深层技术的多样性。

但关键要以“解决什么问题”为起点。所谓深层技术，不仅仅是单纯的技术 × 行业，而是以解决课题为主旨，将多种不同的技术手段相结合。

东南亚的“璀璨原石”

在东南亚，致力于解决问题的，多为较年轻的一代人。比如前文介绍的“从棕榈油残渣中提取出用于鸡饲料的甘露聚糖”的项目，其牵头人是Noveltindo Eiyo Technoprima公司的CPO（首席产品官）Ai Karwati。这位CPO年仅28岁。

又如，欠发达新兴国家往往面临照明设备问题，一些地方尚未通电，而使用汽灯又存在成本问题，导致许多孩子想学习却没有条件。而菲律宾的SALt公司的35岁的社长Aisa Mijeno则立志解决该问题。

她同时是一名教师，深知在无电地区一旦天变暗，学生们便无法学习。为解决该问题，她发明了用2小勺盐和1杯水就能实现照明的“盐灯”，并旨在将其普及。它的原理是让盐水与铜和锌产生化学反应，从而产生电流。在制作该盐灯时，还灵活利用了3D打印技术。

还有一家视觉障碍人士成立的创业公司在开发以智能手机为载体的廉价“点字转换器”。传统的点字转换器体积较大，且价格高昂，因此无法实现便携性，也无法成为门槛较低的“平民消费品”。而如今，泰国的这家创业公司正在开发的名为“Reading”的产品则不同，它利用智能手机的“CPU（中央处理器）”和通过摄像头实现的OCR（Optical Character Recognition，光学字符识别）技术，使视觉障碍人士能够和常人一样，在“阅读”书籍时，“想读什么读什么，想读几页读几页”。如果视觉障碍人士对旁边人正在看的书感兴趣，自己也能马上阅读它。该项目的推进者是38岁的Songpakorn Punongong和35岁的Pattarisa Sasitrakula。

中国的阿里巴巴集团的创始人马云原本只是地方师范大学的毕业生，且曾在求职时多次被拒。后来他立志以中国的技术力量为工具，让乡镇农村脱贫致富，最终取得今日的事业成功。

深层技术与高科技的区别

关于“深层技术”这种思维诞生的背景，此处略作整理。

20 世纪 80 年代后，包括日本在内，全球的高科技（High technology）产业进入全盛期，使得人类的技术保有量总和增加。随之而来的是学术论文的大量涌现和学术科目的细分化。进入 21 世纪后，该潮流依然方兴未艾，尖端技术越发趋于细分化。而在此过程中，人们不知不觉地将“追求高科技”本身视为目标，搞出了一堆“为了高科技而高科技”的项目。

追求科技进化的确重要，但我们如今处于“全球性问题堆积如山”的时代，需要的是“将技术运用于何处”的现实视角。基于该需要，将“高科技”和“低科技”通过“知性”重新结合，并将该集合体视为“技术”的概念应运而生，而这正是深层技术。

大学参与其中，城镇里的小工厂参与其中，大企业拥有的“沉睡科技”亦参与其中。这些要素的重新结合，便是深层技术，也是革新的种子。所以说，高科技与深层技术是不同的，前者往往由大学研究员等高学力者牵头，而后者的特征在于“人人皆可参与”。

表 1-2 TECH PLAN DEMO DAY in Indonesia 2019 入围决赛团队

团队名	所属	项目名	技术行业	概要
Tech Prom Lab	Institute Technology Bandung	以产业废弃物为原料，开发新型建筑材料	材料	石炭燃料废弃物是印度尼西亚具有代表性的产业废弃物之一。该团队致力于开发以该产业废弃物为原料的建筑材料。这种建材具有易生产、高吸水性的优点。在苦于大雨导致的洪水灾害地区，其用途前景广阔
Avian Cure	Bogor Agriculture University	利用民间疗法中的草药，开发治疗禽流感的药物	农业	对养鸡户而言，禽流感等鸡瘟一旦发生，便只能将养殖的鸡全数杀灭，可谓关乎养鸡户利益的重大问题。至于有效治疗禽流感的方法，则依然不为大众所知。该团队利用八角等民间药材，开发出预防禽类感染禽流感的技术
Afta b-ionik	Universitas Indonesia	开发可以用脑波控制的义肢	医疗	在东南亚，有需求的人无法以低廉的价格买到义肢。该团队将已经普及至民用的 3D 打印技术和脑波控制设备相结合，力图向有需求的人提供价格低廉且使用方便的义肢产品
Arstraw	无所属	以未被利用的海藻为原料，开发可食用的吸管和杯子	环境	Surabaja（泗水）地区拥有丰富的海藻，但却一直未被利用。该团队力图利用海藻开发出新材料，用于制造可食用的吸管等餐具。在印度尼西亚，除该团队外，还有其他团队在开发能够让这些海藻发挥作用的技术。该团队计划与其他团队协作，发挥各自优势，拓展商机
Noveltindo Eiyo Technoprima	Bogor Agriculture University	开发从棕榈榨油产生等残渣中提取甘露 聚糖的原创技术	农业	始于 Bogor（茂物）农业大学的初创企业，志在有效利用在印度尼西亚被广为种植的棕榈。近年来，在饲养动物方面，促长激素的使用受到限制。这使得诸如“提高家畜饲料质量”“家畜的传统营养源出现断供”等问题浮出水面。而该团队力图通过研究成果来解决这些问题

（续表）

团队名	所属	项目名	技术行业	概要
Bumdest	Gaja Mada University	开发有机农药	农业	农药的散播和残留问题，是农户和消费者双方都很重视的问题。为了解决它，该团队以源自天然的草本植物和药草为原材料，开发环保的农药调配技术。如今虽然尚存难以大量生产，但他们不但把农户作为目标人群，还在研究将其用于园艺的 B2C 商业模式
Replus	无所属	开发随时都能管理煤电费用量的设备系统	环境	该团队在开发远程控制家电的技术，通过此技术，用户在家外面也能控制家中电器，从而实现节电。Replus 的技术能让传统家电也具备智能家电的功能，从而解决了无条件购买智能家电地区的问题
Nautral Molekuler Universal	BPPT	开发能促进水净化的离子配方	环境	诸如泳池等大量用水的设施，其净水作业十分耗时耗力，且费用高昂。Nautral Molekuler Universal 针对该课题，基于独有的“酵素＋矿物”配方，开发出新的净化液。只要将该液体倒入脏水中，便能发挥净化作用。可谓简便且价廉的解决方案
Phytotech Kit Indonesia	Bogor Agriculture University	以肉豆蔻油的生产者为对象，开发能够改善其生活的技术	农业	在肉豆蔻油的生产过程中，生产者会制造出大量废弃物，这是个令人十分无奈的问题。对此，Phytotech Kit Indonesia 以这种未被利用的生产废弃物为原料，开发化妆品和个人护理用品。通过发掘此商机，能够解决生产肉豆蔻油的农户的现实问题

（续表）

团队名	所属	项目名	技术行业	概要
Yagi Natural	无所属	开发人人都能安心使用的化妆品	生物	该团队志在以可可脂为原料，开发适用于肌肤敏感人群的护肤品。在印度尼西亚的一些地区，以种植生产可可脂为生的农户收入并不稳定，有时不得不将卖不出去的可可脂废弃。他们希望能让农户们知晓可可脂的附加价值，从而激活当地的经济
BIOTIC	Bogor Agriculture University	通过将回收材料与微纳米纤维混合，开发出新材料	环境	该团队志在开发能将“塑料回收”和“新型材料”相结合的技术。如何处理大量的塑料垃圾是印度尼西亚面临的重大问题。他们力图有效利用原本被视为“无用之物”的塑料垃圾，从而开发出含有微纳米纤维的高价值材料
Arsa Energy	ARSA Technology	开发高效率的太阳能发电技术	环境	作为有效利用能源的方法之一，该团队志在提升太阳能发电的效率，从而从太阳光中“挤出”更多的可利用能源。通过该技术，能够将现有的发电效率提升 60%

表 1-3 TECH PLAN DEMO DAY in Philippines 2019 入围决赛团队

团队名	所属	项目名	技术行业	概要
NanolabLRC	Chulalongkorn Univiersity	开发环保的电池用电极	材料	通过开发薄型电池，使其与可弯折屏幕等元件相结合，实现电子设备的轻量化。但限于目前的技术限制，电池上的电极划分势必会导致结构体积变大。而 NanolabLRC 的技术则能够在划分电极时尽量实现结构的轻薄化。凭借该技术，能够开发出更薄的电池
PolyGone Recyclers	University of the Philippines Diliman	与粉末化的塑料袋为原料，开发防锈涂层剂	环境	以菲律宾为代表，世界各国都面临着如何处理塑料垃圾的问题。目前，对于如何再利用塑料制品，存在各种方法提议，而 PolyGone Recyclers 则力图将塑料袋粉末化后再加工，与油漆混合，使之成为能够涂在锁头等物体表面的高效防锈涂层
KomeTech	Philippine Rice Research Institute	开发工业用大米干燥机	农业	东南亚的粮农为了让大米不在雨季发霉和不被虫蛀，需要把米放在太阳下暴晒。但这项作业费时费力，且需要较大的场地。不少粮农不得不在雨季废弃受潮的大米。尤其在菲律宾，该问题是粮农销售额减少的因素。KomeTech 在开发原创的大米干燥机。这种干燥机与传统的气体干燥机不同，能够像天然暴晒一样，维持大米的品质
Wela School Systems	Ideaspace	利用 AI 技术，开发辅助教员的工具	教育	以学校为对象提供解决方案的初创企业。在菲律宾，在校学生的人数往往众多，教员疲于事务性作业，导致无法专注于提升学生的学力。基于 IT 工具和 AI 技术，该团队力图开发和推广一种全新的学生评价系统，从而减轻教员的事务性作业负担

（续表）

团队名	所属	项目名	技术行业	概要
BIOTECH Colorant Team	University of the Philippines Los Banos	利用菌类，开发新型的可食用红色素	食品	全世界大部分食用红色素属于人工合成，不少还含有高敏和致癌性物质。而纯天然的食用红色素则源自红曲霉，属于更为健康的替代物。该团队在开发这种新型的可食用红色素，它还具备抗氧化和降低胆固醇值的功效。因此不仅在食品领域，其在化妆品等领域亦具有前景
DWARM Technologies	无所属	开发可满足具体用途的“可定制无人机”	防灾	在菲律宾，依然有许多人从事“危”“脏”“苦”的恶劣体力工作，作业人员遭遇事故意外的情况时有发生。此外，在菲律宾，诸如台风等天灾也较为频繁。在诸如考察受灾地等方面，具备速度和机动性的无人机受到瞩目。DWARM Technologies 基于灾害应对和现场勘查等需求，在开发可提供“定制化服务”的低成本无人机
FusionTech	University of the Cordilleras	利用 AR 技术，开发以学前幼儿为对象的教育工具	教育	在菲律宾，学前幼儿教育依然长年使用传统的纸质手段，因而在提升教育水准方面存在瓶颈。FusionTech 由 3 名大学生组成，他们志在利用 AR 技术开发一种廉价的教育工具，能以立体的视觉效果呈现动物的特征等，更易于幼儿理解
GMO	De La Salle Lipa	开发“非侵入性”的血糖检测机	医疗	南亚的糖尿病患者数量在逐年增加。患者在测血糖时，必须用针刺来取血，属于“侵入性检测”。但这种方式除伴随疼痛外，还要使用测定试纸，给患者造成了较大的经济负担。为了解决该问题，GMO 致力于开发一种“非侵入性”的血糖检测机

（续表）

团队名	所属	项目名	技术行业	概要
Bac Off	University of the Philippines Diliman	利用微生物材料消除生产橡胶制品时产生的恶臭	环境	由于天然橡胶会腐败发臭，这不仅成为危害生产现场员工健康的问题，还会影响橡胶制品的品质。Bac Off 试图从稻谷壳中生成二氧化硅，并使其与镍纳米粒子相结合，从而开发出名为“Smell–o–sil”的杀菌材料
Quixens	University of the Philippines Los Banos	开发低价的检测工具，能够迅速检测出引起食物中毒的病原菌	生物	在东南亚，食物中毒是危害人们健康的大敌之一。“如何迅速做出诊断”成为关键。Quixens 利用能与特定病原菌 DNA 配对的 DNA 探针（DNA probe），从而捕获病原菌，找到食物中毒的原因。目前其时间和费用是瓶颈，但若采用 Quixens 的方法，则只需 5 小时便可出诊断结果，且价格较为低廉
Sigurisda	University of the Philippines Diliman	开发能够测定鱼的新鲜程度的便携式设备	保健	在东南亚，由于气温等原因，鲜鱼变质的速度较快。不管是家庭、鱼贩还是饭店，在“正确把握购入的鱼的新鲜程度”方面皆有需求。Sigurisda 针对“鱼发生腐败时会产生氨气和氮气等气体”的特性，正在开发一种能够感知这些气体的设备。由于其外形如胶囊，因此小鱼大鱼皆可使用
Veer Immersive Technologies	BrainSparks	利用 VR 和 AR 技术，开发培养人才的工具	教育	对 LCC（廉价）和中型航空公司而言，打造专用的乘务员训练设施较为困难。对此，Veer Immersive Technologies 提供基于 VR 等技术的“简易化乘务员机内模拟训练服务”。其支持的飞机型号已有多种。菲律宾航空公司已在引入该服务

表 1–4　TECH PLAN DEMO DAY in Vietnam 2019 入围决赛团队

团队名	所属	项目名	技术行业	概要
Advance materials for Enviroment	Ho Chi Minh University of Technology	开发在稻谷壳中生成二氧化硅的方法	材料	硅是一种应用广泛的材料，被用于建材等领域，但获取硅的成本较高。该团队则利用越南粮食产业的大量副产品——稻谷壳，开发从中生成硅的方法。利用他们的这项技术，能够获得高纯度硅
PRIF	Ho Chi Minh University of Technology	开发个人空中载具	交通	为了解决越南的交通拥堵问题，该团队在开发个人空中载具。通过将引擎和电机相结合的“混动系统”，延长飞行续航时间。载具飞行器通过引擎和电机来驱动螺旋桨，加上降落伞装置，以“3 段式”结构来确保驾驶者安全。目前他们在进行基于小型无人原型机的 PoC（概念实证），还未到载人飞行阶段
Irisian	International University, Viet Nam National University	开发基于 AI 技术的眼疾诊断工具	医疗	在越南，青光眼等眼疾患者逐年增加。与之相对，眼科医生的缺乏成为社会问题。为此，Irisian 致力于开发“AI 图像诊断”技术，从而帮助眼科医生进行诊断。2019 年，该团队已与胡志明市最大的医院建立了合作伙伴关系，计划向院方提供该技术服务
IAmV	无所属	开发以黑蒜为原料的健康食品	食品	该团队通过独创的发酵工艺，制造出的黑蒜拥有比传统黑蒜更高的大蒜素。他们已经开办了工厂和研究所，零售门店扩张至越南的 3 个城市。此外，他们还在开发和销售以水果和草本为原料的健康食品

（续表）

团队名	所属	项目名	技术行业	概要
Fresh water	DaLat University	开发用于渔船的海水淡化装置	环境	渔船出海捕鱼时，船上通常会备有饮用水和净水器，但承载量和成本费用一直是问题所在。该团队致力于开发一种海水淡化装置，其能够利用渔船引擎产生的热量来工作。它用引擎产生的热量来汽化海水，然后通过薄膜滤器（membrane filter）过滤水蒸气，再加以冷凝，便制造出了达到饮用标准的淡水
VGU Electrochemical Treatment	Vietnam-German University	开发净化染色工业污水的技术	环境	在越南，不少染色工厂将废水排入江河，导致环境问题。对此，该团队致力于开发电离子过滤净水装置。通过利用电离子的特性，吸附废水中的有害物质，从而使排出的废水符合环保标准
BIOSEP	Ho Chi Minh University of Technology	利用微细藻类，开发水质净化系统	环境	在越南胡志明市，80% 的生活废水在未经处理的情况下被直接排放。BIOSEP 为了提升生活废水的净化率，致力于研发面向广大家庭的净水系统。其通过利用微细藻类来产生净化作用，并将净水过程中繁殖的藻类以“生物燃料”等形式进行二次利用
Mycorrhizal Fungi	International University, Viet Nam National University	利用微生物，开发土壤改良材料	农业	越南的农业耕作使用大量农药，“如何实现可持续性”成为其农业问题之一。其解决方案之一是“使用肥料和天然成分的杀虫剂”，但其成本较高，因此未能推广。Mycorrhizal Fungi 致力于制作越南的“土壤环境地图”，从而提供与具体环境相适应的土壤微生物比例信息。可谓一种农业技术商业模式
Biomass Lab	Ho Chi Minh University of Technology	开发能够去除蜂蜜中湿气的设备	农业	产于热带地区的蜂蜜往往含水量较多，为 20%~24%。但欧洲对进口蜂蜜的含水量有严格要求，规定必须低于 17%。这使得东南亚产的蜂蜜在出口欧洲前，需要进行脱水。Biomass Lab 的技术以沸石为原料，他们致力于开发一种价格低廉的设备。它能够在不加热蜂蜜、不降低蜂蜜品质的前提下，去除其多余水分

表 1–5　TECH PLAN DEMO DAY in Thailand 2019 入围决赛团队

团队名	所属	项目名	技术行业	概要
Read Ring	无所属	开发给予每个人平等学习机会的设备	教育	目前，全盲人士获得信息的手段依然有限，除了盲文点字，便是声音。特别是在学习时，依靠声音信息容易疲惫，可针对性的解决方案却一直缺席。为此，Read Ring 致力于开发一种“实时点字技术”，用户在书上摸到哪段哪行，相应的内容便会转换为点字呈现，从而使盲人能够获取信息。这样便能弥补获取声音信息的条件限制及其“难以长时间集中精神”的缺陷
VanCo	SIIT Thamasart University	利用产业废弃物，开发具备高附加值的疫苗	医疗	在生产生物柴油的过程中，会产生名为“丙三醇”的产业废弃物。该团队致力于利用丙三醇，开发出具备高附加值的疫苗。随着生物柴油产业在泰国的发展，相关产业废弃物也相应增加。而他们拥有“变废为宝”的技术
Panacura	Chulalongkorn University	通过提供定制化医疗服务，改善人们的健康生活	医疗	该团队致力于收集亚洲人特有的基因组数据，目标是利用这些数据来提高治疗效率。企业与医疗机构通过合作互补，积累亚洲人特有疾病和相关特效疗法的知识，并在此基础上开展服务
Pet Stem	Mahidol University	开发以宠物为对象的再生医疗服务	医疗	该团队拥有提供“宠物再生医疗服务”的技术。在宠物由于染病或受伤而需要接受治疗时，便可使用它的细胞来提升治疗效果。此外，该治疗方式还能减轻宠物的身体负担
Smart Road Tools	King Mongku't University of Technology Thonburi	开发保障交通网安全的技术	防灾	该团队着眼于道路安全问题。由于老旧化或自然灾害，道路有时会塌陷或断裂。为了解决该问题，他们致力于开发一种“网状传感器”，能够在道路塌陷之前发出预警

（续表）

团队名	所属	项目名	技术行业	概要
OASIS@ KMUTT	King Mongku't University of Technology Thonburi	开发从蚕中提取蛋白替代物的技术	食品	针对社会老龄化的加剧，该团队致力于开发一种有效获取优质蛋白的技术。他们从蚕中提取优质蛋白，制成提升人们健康生活品质的食品。"粉末化技术"是其核心所在
eX Labs	Mahidol University	开发利用 AI 区分液体的技术	食品	该团队致力于开发利用 AI 来判断各种液体和物质的气味特性的技术。凭借该技术，管理饮料等液体品质的作业就会变得容易。目前这种作业依然主要靠人的直觉和经验，但一旦该技术普及，则各种气味便能实现"数据库化"，从而使客观的解析和分析成为可能
STEAM KMUTT (Rice sawing Drone)	King Mongku't University of Technology Thonburi	开发实现粮食种植户播种自动化的技术	农业	该团队致力于开发播种的自动化技术，从而帮助农户提高粮食生产效率。他们正在开发一种能够自动播种的无人机。针对泰国的梯田地区和耕作者老龄化等问题，他们志在减轻相关的作业负担
Sniff Cancer	Electronic Nose Co., Ltd.	开发通过气味来感知癌变的技术	医疗	该团队致力于开发感知气味的癌症检测设备。通过让机器学习和认知癌症患者特有的呼气气味特征，实现对癌症的早期发现，从而为早期治疗和彻底治愈提供条件

表 1–6　TECH PLAN DEMO DAY in Malaysia 2019 入围决赛团队

团队名	所属	项目名	技术行业	概要
Eletrochemical Material and Sensor Group (EMaS)	UiTM	基于氧化锌纳米线（ZnO Nanowire）技术，开发能够在早期发现乳癌的生物传感器	医疗	该团队致力于开发能够迅速检测出乳癌（BRCA1）遗传因子中特有 DNA 配列的生物传感器。他们拥有将氧化锌“纳米线化”并固定配置于基点的技术。这种纳米线即生物传感器，仅凭少量血液样本，其便能以较高精度检测出早期乳癌中特定的遗传因子。目前他们只开发出微片状原型产品，但将来的目标是开发出读取式的检测设备
Paverlog	UiTM	开发以塑料垃圾和棕榈油残渣为原材料的铺装板材	材料	该团队以废弃塑料盒和棕榈油中的不溶物为原料，开发低密度聚乙烯（LDPE）纸质板材。其具有高强度和低吸水性的特点，能够减少材料中重金属的流出
Abmanan Biomedical Sdn. Bhd.	无所属	以马来西亚的代表性淡水鱼——条纹黑鱼为原料，开发湿疹药膏	医疗	该团队以马来西亚的淡水鱼——条纹黑鱼（Haruan Channa striatus）为原料，开发治疗干燥性湿疹的药膏。该药膏具有治愈外创、减轻疼痛、缓解炎症、抑制黄色葡萄球菌繁殖的作用，可用于治疗慢性炎症和湿疹。此外，经 DNA 测定，确认该条纹黑鱼属于马来西亚固有物种，因此为了防止其灭绝，他们还与马来西亚国内 5 个地区的养殖户协作，实施养殖管理
A&M Food	UPM	通过将火龙果粉末化的技术，开发源于天然食材的无麸质面条	食品	该团队致力于利用人参、大米、苋属植物和火龙果等马来西亚较为丰富的天然资源来开发新面条。旨在解决儿童因挑食而缺乏摄入蔬菜水果的问题。他们开发的这种面条成分全天然，富含高食物纤维，且不含防腐剂和麸质，能够长期保存。他们拥有将火龙果提取物粉末化的相关专利，能够让成品保持火龙果原有的鲜艳桃色。该专利可应用于各种食品

（续表）

团队名	所属	项目名	技术行业	概要
Eco-Tech	IIUM	开发从废弃稻谷壳中提取“eco-SiC（碳化硅）”的技术，并将其与金属粉末一起制成混合材料	材料	该团队从废弃稻谷壳中提取低密度 eco-SiC，将其与铝粉等金属粉末混合，从而开发出复合材料。其价廉且轻量，可用于生产制造汽车和摩托车的碟刹等部件
Synbion Sdn. Bhd.	UMP	开发能够感知香味的机器，从而应用于东南亚的香木采伐业	农业	该团队基于芳香成分的剖绘数据（Profiling Data），运用 AI 技术，开发能够科学检测和评价（比如纯度和相似度）特定气味的机器。在马来西亚，沉香是非常昂贵的资源，在采伐前无法保证其质量是一大问题。迄今一直依靠人的嗅觉判断，还导致乱砍滥伐的问题产生。若该设备能在农户中普及，便可掌握采伐的最佳时机，也能帮助沉香木种植户获取更大的经济利益
Polynus@ INBIOSIS	UKM	Polygonumins：从天然植物中提取抗癌成分	医疗	该团队致力于从蓼属热带香草（Polygonumins）中离析出具有抗癌和抗 HIV 作用的新化合物，以及生产促进抗癌药物渗透至患处的健康食品。马来西亚民间认为，当地丰富的传统中草药含有各种纯天然的抗氧化物，它们能够提升既有抗癌药物的疗效。而该团队便基于该假设，志在解决乳癌和大肠癌在马来西亚致死率较高的问题
INSHA	UNISEL	开发廉价的清真（Halal）淀粉酶	食品	该团队致力于以农业废弃物（香蕉皮）为原料，生产可用于各类产业的“Microbial Halal Enzymes（微生物产生的清真淀粉酶）”。诸如面包等日常食品往往含有淀粉酶，但市售的酵素很难分辨是否清真。而他们的产品源自天然原料，不掺杂酒精等非清真成分，且生产成本低廉

（续表）

团队名	所属	项目名	技术行业	概要
DRV team	UM	开发用于太阳能发电板的自净性智能涂层	材料	该团队致力于以低成本材料（聚二甲基硅氧烷、硅酮树脂、乙醇）为原料，通过简单的合成工艺，生产出一种新型的涂层剂。其具备高透明度、自净及防起雾的特性。涂刷完成后，在室温条件下便能固化，可用于太阳能电池板
Life Origin	无所属	生产能够支撑世界粮食市场的可持续性蛋白资源	农业	该团队致力于通过在室内饲养美洲水虻来实现堆肥化。该水虻完全能够用食品废弃物来饲养。堆肥化的水虻可以成为苍蝇幼虫的食物，而苍蝇幼虫能作为昆虫蛋白质而加以利用。他们志在实现这种可持续性的资源利用系统
Eco-friendly Glove	UM	开发生物分解性橡胶材料	材料	该团队以高结晶性纳米纤维素为材料，致力于开发新型的可生物分解的腈基丁二烯橡胶（NBR）。这种材料可用于生产一次性橡胶手套等产品
ThinKers	无所属	开发“Photo Act Film”	环境	该团队致力于开发名为“Photo Act Film”的产品，它是一种能促进污染物吸附的亲水性聚合物，尤其适用于处理生活污水。他们还利用光触媒技术，对污染物进行分解

表 1-7 《TECH PLAN DEMO DAY in Singapore 2019》入围决赛团队

团队名	所属	项目名	技术行业	概要
TEAPASAR	无所属	利用代谢物组技术的红茶分析仪器	食品	该团队利用独创的机器学习算法，致力于开发一种“食品扫描仪”。它能够迅速识别红茶的种类以及是否有异物混入。通过应用该技术，人人都能调配出专业级的红茶。且还能进一步应用于分析和检测“干燥植物类”产品，可谓商业前景广阔
Pro-health Water Technologies	无所属	控制水中矿物质的创新性技术	环境	该团队致力于开发让纯净水“矿化”的系统。通过使用能自由控制水中矿物含量的技术，不仅在饮用水领域，在农业和养殖业亦有市场前景
Soynergy	NUS	以豆腐渣为原料的健康食品	食品	在东南亚，人们没有食用豆腐渣的习惯，因此它们被视为废弃物。而该团队致力于对它进行优化处理，使其成为具备口味和营养的食品，从而创造其附加价值。他们主要在开发一种含有豆腐渣原料的益生菌饮料
Team Sentient IO	无所属	利用 Sentient AI 技术的数据平台	其他	该团队志在统合 AI 平台和区块链数据平台，从而构建一种独特的平台。它能分析大量未被分析的数据，从而发现之前未曾显现的潜在问题，进而为提供解决方案和开展新业务 / 服务创造机会
Spiral	无所属	通过读取二维码来实现室内自主飞行的无人机	其他	该团队致力于开发在室内环境下也能控制定位无人机的技术。目前的无人机基于“GPS（全球定位系统）”来把握自身的位置信息，但在室内环境则无能为力。Spiral 则通过二维码技术，打造能对无人机发出指示的系统，从而使无人机的“室内自主飞行”成为可能

（续表）

团队名	所属	项目名	技术行业	概要
Kang Healthcare	无所属	传统汉方的数字化	医疗	该团队利用搭载压力传感器的设备，实现汉方医学诊断中所必需的“把脉（脉拍计测）”。在亚洲各国的华人聚集区，许多人依然希望接受传统的汉方医学治疗。而通过该技术，能使偏远地带和农村的人们亦能方便地享受到汉方医疗服务
RECORNEA	无所属	角膜内的金属设备	医疗	该团队致力于开发角膜内的金属设备（GROSSO 植入）。通过使用金属材质的网状设备，能对角膜施加均衡压力，从而成为治疗角膜畸形的有效手段
Neurobit	无所属	记录及分析人体节律的服务	医疗	该团队致力于提供无须专业机器设备的人体节律记录及分析服务。针对睡眠呼吸暂停症等病症，为了对相关人体节律进行监测，原本患者必须在医院内接受记录和分析，十分耗费时间。而他们的技术则能让该过程变得简便。该服务需要大量的生物数据作为支撑，而他们已与全球 30 多所大学建立了合作关系，可谓拥有“能够获取可靠数据”的优势
Carmentix	无所属	检测妊娠风险的生物标记	医疗	该团队致力于利用新型的生物标记技术，在孕妇怀孕初期便精确检测出“有早产风险者”，从而挽救更多的母体和新生儿

满怀热情之人为了解决问题而聚在一起，志在用自己的一腔热血改变未来。这其中就蕴含着带来下一次大变革的火种。下面在本章的最后介绍 Leave a Nest 株式会社在 2019 年召开的"TECH PLAN DEMO DAY"中出场的 63 支创业团队。该大会从 2019 年 5 月持续至 2019 年 8 月，横跨东南亚 6 国。希望各位读者能借此了解东南亚各国的创业热情和点子。

深层技术的热潮如此席卷全球，是否只是出于偶然？本书第二章内容将会从其历史背景出发，解读深层技术。

第二章

了解“深层技术”的源头

在始于硅谷的科技创新史中，深层技术占有一席之地。本章将追溯与高科技和互联网等相关的创新史，介绍深层技术的发展历程。并且从如今硅谷的现状及日本今后应有的定位出发，进行一些未来展望。

纵观历史及地域的现状可知，深层技术的崛起绝非“突然变异”般的偶然现象，而是众多创业公司必然会涉足的领域。各种技术、智慧和时机相互结合，让一些热点问题水到渠成地进入人们的视野。

日本是绝佳的“知识制造据点”

如今，亚洲的总人口已达40亿，以后会继续迈入“人口红利期”。纵观新加坡和其他东盟国家的大城市中心地区，人们的生活水准已与日本无异。以国民平均年收入为例，菲律宾虽然仅为日本的 1/6 左右，但在市中心地区，人们已经有了进行休闲消费的收入水平。

2011 年至 2013 年，东南亚被视为下一个新兴市场，包括日本在内的海外风投机构蜂拥而至，但由于难以盈利，如今绝大多数已撤资离场。但到了 2018 年，随着互联网的普及，“人人皆可接入网络”的时代来临，导致情况发生了根本性变化。

比如，在东南亚，使用智能手机所消耗的通信费用要比日本低得多，1000 日元能用 20G 的流量，而且几乎所有的咖啡厅都有免费 Wi-Fi。只要买一台不到 10000 日元的二手 iPhone（比最新机型老两代或更早的型号）即可，各种智能手机的基本功能一项不缺。

在发达国家，当初都是先以固定线路的方式搭设网络，后来才有了无线上网的方式。但东南亚则不同，它们在开始普及互联网时，就已经是无线上网的时代了，因此无须再每家每户地拉网线。

像这样不按“阶段性方式”进化，而是一下子迈入最尖端技术阶段的方式，被称为“蛙跳效应（Leapfrog）”，而东南亚正是其中的典型。由于当初基建不完善，反而能够跳过其他国家经历的发展阶段，从而具备“越级进化”的潜力。基于此现状，日本又应该制定何种战略呢？让我们先从地理条件来梳理。

如图 2–1 所示，美国和英国善于 SEEDS（技术、材料）发掘。与之相对，东南亚由于社会问题众多，因此具备适合 NEEDS（需求）发掘的丰富土壤。

再看日本，其几乎位于美国和英国的中间，且离东南亚较近。换言之，日本能充当知识的集线点（HUB），帮助东南亚这样的“NEEDS（需求）发掘地域”解决问题，且拥有承担从“创造新机理”直至“投入实用”的全程化“知识制造”的潜力。不仅如此，当欧美的 SEEDS 导入东南亚时，日本还能起辅助作用。

基于这样的地理条件，日本具有独特的优势。因为东南亚的需求必须通过实地考察才能得知。因为这些国家的人们往往用母语进行“闭环型交流”，因此相关信息很难反映在互联网上。

而日本的优势也在于母语。纵观历史，日本在引进英美技术时，都是把它们用日语重新排列、组合和诠释，并将新技术与自身需求相结合。这已然成为日本国民性格的一部分。

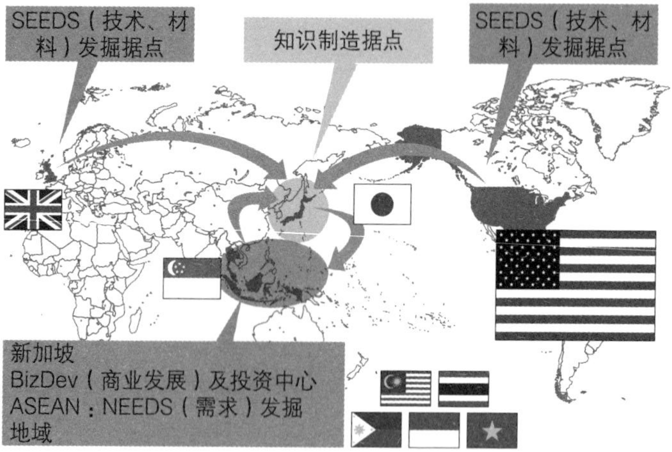

图 2-1　日本的“知识制造战略”潜力

反过来看，当外国想研究日本的学术论文和创意时，由于语言壁垒的存在，导致技术的“投射沿用”变得困难。比如，日本学者的研究论文几乎都以日语写就。在论文经过翻译，正式向海外发表之前，对相应领域感兴趣的外国人既无法找到它，也无法借鉴相关技术。

这可谓“母语筑成的保护墙”，其典型例子是日语中的“UMAMI”（鲜味）一词。由于在英语中没有对应的概念，直到现在，英语依然用日语原词的发音“UMAMI”来表示该概念，可谓“被日语保护着的”文化和成果。由于缺乏对应的词汇，欧美根本不可能开展针对“UMAMI”的研究。而在日本，人们则能对它进行分析。最终，源于东京大学的初创企业成功合成了谷酰胺，它后来成了世界级的企业，即如今人们熟知的味之素株式会社。

由此可见，在“基于母语的研究”方面，日本拥有较长的历史经验。而在“二战”后，当引入英美的先进技术时，日本人依然把它们用日语重新排列、组合和诠释，即便有时会因为理解错误而走弯路，但通过不断地混搭聚合，一个个地解决了当时充斥整个社会的无数问题。

这一切使得日本发展为独特的“知识制造据点”，从战后“一穷二白”的处境起步，在短短 40 年间便成长为世界屈指可数的经济强国。今后，这种成功模式有望在东南亚这样的新兴市场复制。而这也是本书的真正主旨。

基于母语的原创研究，与英语圈发达国家从事的最尖端研究，这二者的相互结合，便是日本过去取得飞跃的方法论所在。

但如今，日本国内所剩的问题并不多，因此东南亚的潜力便显现出来。如果在那里发掘类似日本“UMAMI”那种基于本土语言的特有概念和意识，花费时间对它们进行“孵化”，则必能孕育出类似味之素株式会社那样的世界级大企业。

这种把东南亚的需求与日本的知识技术相结合的实例已经存在。正如前面所述，在东南亚，有许多由“解决社会问题”的满腔热情而催生的优秀创意。下面对它们进行介绍。

比如第一章提及的“用智能手机实现的‘便携点字机’方案”。传统的盲人点字转换器价高且笨重，因此难以普及。为了解决该问题，一个新点子应运而生——用智能手机识别文字，然后用与智能手机连接的戒指形点字机输出点字。

如今，只要使用 3D 打印机，不管在世界的何处，都能做出原型机。但问题在于，要想让创意成为能够正式推向市场的产品，则需要符合一定程度的技术标准。而能够打磨技术和创意的人才，以及实现大量生产的设备和车间，则是东南亚所缺乏的。

针对该问题，日本其实已经在与东南亚展开合作。以东京大田区的一众小工厂为例，它们承接东南亚“深层技术初创企业”的试制开发订单，有的企业还会与日本的大学合作，旨在引进大学的科研技术。这种基于日本小工厂的“开发支援”，加上日本企业提供的“经营支援・事业化支援”，使初创企业得以进军亚洲乃至欧美市场，最终再回到日本成功 IPO（首次公开募股）。这种模式被称为“国内全球化”

（Inbound Globalization）。

如今，在朝该模式努力的企业已有将近 80 家。换言之，所谓“Inbound”，不仅是招揽入境游客，还包括鼓励初创企业在日本国内扎根，从而带动日本的经济发展。

把握各地域时间轴的“4D 思维”

要想看清深层技术的发展前景，就要注意不同的“时间轴”。美国西海岸、欧洲、日本和东南亚，它们位于不同的时间轴上。

比如美国的网约车平台“Uber”诞生后，马来西亚也出了一个业务类似的创业公司“Grab”。依靠互联网，信息传播变得迅速，因此商业模式的借鉴和投射也非常快。

但 Grab 并非照搬照抄 Uber 的产物，其与当地的深层问题相结合，在与美国完全不同的时间轴上独自进化发展。比如针对交通严重拥堵的问题，Grab 还提供“网约摩托车”服务，这可谓东南亚独有。

乍一看似乎是在模仿他国的服务，但由于借鉴方位于另一个时间轴，因此实现了跨越时空的进化。

若想对各国的“进化情况”做出一定程度的预测，便需要将全球分为4D（4个面），即以“欧美”和“亚洲”为横轴，分为“对于变化的接受度较高”的美国西海岸和东南亚，以及“对于变化的接受度较低”的英国和日本。然后以“面”来把握它们各自知识与研究的进化情况，并进行思考（4D思维）。

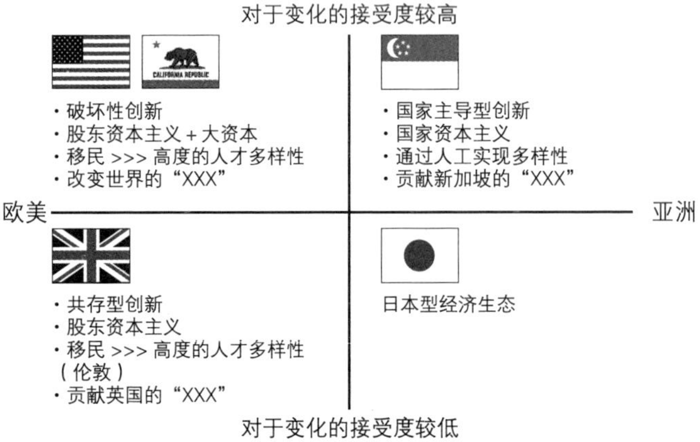

图2–2　4D思维：以“面”把握全球的知识与研究

如图2–2所示，即便同为推进SEEDS发掘的美国西海岸和英国，它们各自拥有的知识和研究矢量亦不相同。同理，以新加坡为中心的东南亚基于深层问题，在以自身独特的方式进化；而日本亦具备自身特有的经济生态。通过对该 4 条时间轴的持续观察，预测将来的形势。若想把握深层技术今后的发展前景，就必须具备这种“多面化”看待问题的思维方式。

呈现“均质化”的硅谷

下面让我们来回顾与深层技术相关的“技术革新”的历史。该历史的舞台在美国硅谷。首先要知道，硅谷所在的地理位置十分特殊。如今，全球总市值位于前 5 位的企业，有 4 家的总部在那里。每年都有巨额资本在那里高速循环，可谓世界经济的“奇点”。

说起美国西海岸的技术产业史，其最初的由来就有特殊性。比如当地闻名全球的电影产业中心好莱坞。它之所以建在西海岸，当初是为了逃避在东海岸发明了电影放映机的爱迪生的专利诉讼，于是在远离东海岸之地建造了能够自由拍摄电影的“世外桃源”。换言之，对于东海岸的既有体制，西海岸具有一种基于“创造、革新”的反抗文化精神。

正因如此，西海岸逐渐成为具备“开放、革新”土壤的知识研究型经济圈，最终促成了硅谷的诞生。

如今的硅谷聚集了创业公司、加速器、天使投资机构和孵化器，形成了完整的经济生态，各种投资者和市场玩家混迹其中。在全球经济生态圈排行榜中，硅谷以极大的优势稳居第一。

但值得关注的是，新加坡在榜中处于第12位。硅谷的人才结构存在特有的“偏科现象”——AI（人工智能）工程师和系统开发者占压倒性多数。但新加坡则不同，除硅谷的那些人才外，其还拥有众多事业开发（Business Development）等方面的人才，可谓更具多样性。且这种多样性不仅体现在“投资方”，也体现在“劳动方”。

换言之，虽然美国硅谷依然是全球各经济生态圈中的“执牛耳者”，但亚洲也在急速发展。2018年，中国的VC（风险投资）投资额已然超过美国。而在VC的投资对象中，中国、印度和东南亚获得的投资总额已将近全球的一半。

Y Combinator公司在2012年举办的“Demo Day”的现场。面对VC机构和天使投资人，超过60个团队逐个进行演示说明。哪怕在中间的休息时间，相互交流依然活跃。

为何亚洲的VC投资额会超过美国呢？投资热点从昔日创业公司济济一堂的硅谷，逐渐移至亚洲。让我们来探究一下其原因。

图 2-3 “Demo Day”现场

在硅谷，以 Y Combinator 公司为代表的加速器十分完善，使得培养创业公司的环境成熟且齐全。可要知道，创业公司的根本魅力在于“打破常规的新鲜创意和点子”。

但由于加速器创造的完备环境，使得硅谷的创业公司们反而陷入“成长模式均质化”的状况。换言之，通过完善的“企业成长加速机制”，迅速调动 VC 的追加投资，或者干脆制定将来被大企业收购的“EXIT”（出口战略）。这催生了“从目标出发，反向推算”的“倒算型创业公司”。结果导致不少创业公司原本明明拥有崭新创意，却由于加速器的干预，使公司的目标方向转为 EXIT 或较易实现的事业。

本书想在此对“创业公司”（Start up）进行定义。即便褒贬不一，但所谓“创业公司”的本源，其实是当事者怀揣希望解决的问题，并通过解决相关问题来创造社会价值。当事者的这份信念，便是创业公司的根基。换言之，基于需求，持续创业，最终获得急速成长。这样的当事人便可称为“创业者”，而这样的企业便是“创业公司”。

在车库中创业，在加速器的帮助下，最终成为大企业，甚至拥有改变世界的力量。硅谷的确创造过这样的奇迹，但要注意的是，硅谷只是这种成功案例的象征，而非“神话”本身。如何反省硅谷的欠缺之处，从而保持高度纯粹的创业精神，并在“不忘初心”的前提下筹措资本。这或许是今后的重要问题所在。

东南亚之所以在深层技术方面获得瞩目，是因为其社会问题十分“接地气”——对当事人和其左邻右舍而言，亟待解决的问题就在身边。换言之，不少创业者本身就是深受相关问题困扰之人，他们的热情自然会加速创业公司的进化。

当然，硅谷和欧洲今后依然会不断革新。而凭借全球网络化，那些直接面对社会问题的东南亚年轻人便能利用硅谷积累的智慧，以“他山之石”，发挥巨大潜力。

革新的历史

谈到技术革新史，自然会想到硅谷中心地带的斯坦福大学。该大学于 1885 年设立，不少人认为它在硅谷的历史中居于核心地位。但其实在它之前，于 1868 年设立的加利福尼亚大学伯克利分校（UC 伯克利）亦举足轻重。后来，随着“二战”爆发，以斯坦福大学为代表，硅谷的军需产业开始兴盛。

后来在 1937 年，作为硅谷高科技产业的先驱，HP（惠普）在车库中诞生。之后的 20 世纪 70 年代至 80 年代，半导体产业蓬勃发展。与此同时，作为生物科技初创公司的先锋，“Genentech”（基因泰克）诞生，并引领了第一波生物科技初创热潮。可见，在当时的硅谷，依靠“科技”这一大支柱，便形成了各种产业。

而随着半导体的不断发展，从 20 世纪 90 年代至 21 世纪，逐渐从“半导体时代”迈入了“PC（个人电脑）时代”。在此想强调的是，先有了半导体的发展，才有了后来 PC 产业的繁荣。换言之，通过高科技完善了“基础建设”后，才有了后来 PC 产业的诞生。

而在进入 20 世纪 90 年代后，基于 PC 的互联网崛起。1995 年之后，席卷全球的互联网时代终于到来。雅虎、谷歌、Salesforce.com 等互联网企业成为诞生在 20 世纪的最后一批弄潮儿，它们一边思考自身定位，一边相互竞争。

随着互联网的进一步发展，人们能够随时随地互联，于是以 SNS（网络社交媒体）为代表，人们迎来了“网络信息交流技术”（Communication Network Technology）的时代。在那个“知识为王”的时代，人们关注于“如何交流个体思想，从而催生新创意”。该思潮是网络信息交流技术的基础，进而影响到相关平台的构建。

随着互联网上的交流碰撞持续活跃，加速器又适时登场。进入 21 世纪后，密切的交流已不限于闭环式的互联网，而是延伸至现实空间，进而使各种“加速助力项目”（AP，Acceleration Program）生机勃勃，成为加速各种创新开花结果的绝对力量。

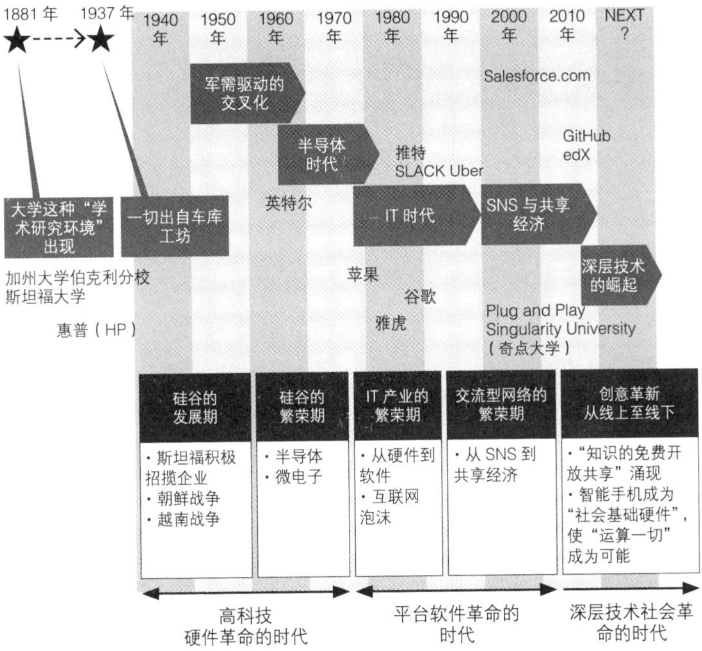

图 2-4　硅谷的科学技术与产业流向

于是，拥有崭新创意的创业公司在加速器的帮助下，将智慧和技术相结合，产生连锁反应，从而为进一步催生创意而铺路。

由于当时的创业公司大多从事互联网基础事业，因此人们对于“加速助力项目”的印象偏向于“支援互联网企业”。

但若追本溯源，则“加速助力项目”的根本思想是“将创意、智慧和技术相结合，从而加速创新”。以 Y Combinator 公司为例，其近年来对量子计算机硬件等进行投资。而纵观投资额比重可以发现，其对“非互联网企业”的投资在增加。还有一点值得关注，即其对涉及深层技术的初创企业的投资亦在增加。总之，Y Combinator 公司看重的是“新创意”本身，而并不在意技术是“深层”还是“浅层”。

“特定型加速助力”的崛起

随着全球“工坊”和“车库”的网络化，硅谷的创业公司乃至全世界的高科技企业都能在全球各地设立据点。而中国大陆和中国香港等地可谓这些据点的集中之处。这最终催生了中国深圳的技术繁荣，使其被称为“中国的硅谷”。

2011 年，全球最大的硬件加速器——HAX 公司诞生。

2010 年，由于价格较低的个人用 3D 打印机投放市场，使得“人人都能打样制作原型机”的时代到来，从而激发了

“创客运动”（Maker Movement）。

而将这股浪潮多元化和加速化的“功臣”则是AI。2012年，出现了“第3次AI热潮”。而该热潮的契机源于两件科技界的大新闻。一是在ILSVRC[①]大赛中，使用深层学习技术的团队取得了压倒性胜利；二是谷歌发表的研究结果，其表明计算机已能够自我学习“猫”这一概念。

当时，无论是硬件领域、软件领域还是数据吞吐量领域，都有了飞跃性进步，因此促成了该热潮。

AI领域的技术革新还对生物和医疗领域造成了巨大影响。对致病遗传因子序列的研究便是其中的典型。我们知道，所谓遗传因子，无非A、C、G、T四个基本单位的排列组合。

但在人类基因组中，这种排列组合便会导致极为复杂的结果。在必须进行比较研究时，倘若依靠人工一个不漏地排查，则是不可能完成的任务，但AI技术却十分擅长该领域。换言之，AI能让利用遗传因子的研究实现规模化。

实际上，只要建立生物实验室，比如10亿日元规模的遗传因子操作工厂，然后让机器设备联网，便能以远程操

① 全称为ImageNet Large Scale Visual Recognition Challenge，是机器视觉领域最具权威的学术竞赛之一，代表了图像领域的最高水准。

作的方式开展遗传因子实验。2014年，麻省理工媒体实验室搭设了便利的实验工具和环境，就连高中生都能参与和操作。至此，遗传因子实验已不需要针对性的特殊编程来支持。

换言之，通过加速器，技术的自由化不断推进，使互联网与“人”和“物”自由连接，最终使“个人创造革新”的基础环境趋于完备。再说得极端一点，如今只要有创意，个人便可以打破国别和年龄的桎梏，自由开展各种实验。

进入21世纪后，由于信息之间实现了互联互通，即所谓的“网络化”，使得多方面、多领域发生了进化。2008年，出现了Airbnb（爱彼迎），第二年又出现了Uber，标志着共享经济的时代正式到来。共享经济是一种利用既有资产的共生型产业。比如Airbnb利用的是房产资源，而Uber利用的是车辆资源。

与之同时产生的还有“知识自由化”现象。比如能让工程师交换知识的GitHub，以及在线大学“MOOC”（Massive Open Online Course：大规模开放在线课程）等平台的推广。尤其是“教育免费化”，其可谓互联网发展普及所带来的最大福利。在其第一批受益者中，当时还是初中生的那一拨人尤为典型。如今，他们有的刚刚走上社会，有的还在研究生院继续接受深造，可谓正要“开花结果”的“知识自由化一代”。

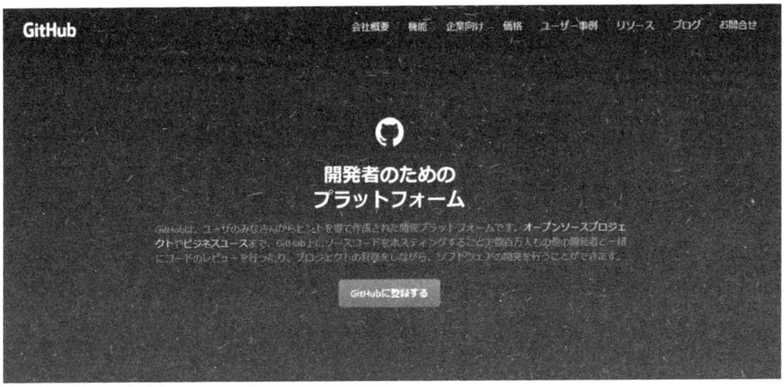

图 2–5　能实现多名软件开发者共同管理和开发项目的平台“Git Hub”的官网页面

图 2–6　斯坦福大学、密歇根大学、普林斯顿大学和东京大学等世界名校在线授课的 MOOC[①] 平台“Coursera”的官网页面

① Massive Open Online Course，大规模开放在线课程。

可见，“车库”“工坊”“实验室”等的“互联网化”与AI技术的进化相结合，逐渐完备了“深层技术”的成长土壤。

到了2010年左右，出现了专注于特定领域的“特定型加速助力”。比如美国旧金山的“INDIE BIO”，其专注于生物方面的深层技术。这种潮流与单纯的“创客运动”不同，其动机在于“解决社会问题”，即所谓的“问题驱动型”“愿景驱动型”。而Leave a Nest株式会社也以日本和新加坡为核心据点，启动和推进专注于东南亚深层技术的特定型加速助力项目——TECH PLANTER，且该项目的启动年份是2014年。

尤其是前景有望的生物领域，其相关研究之前只限于大学研究生院和企业研究所内。换言之，其研究环境呈闭环状，而从事研究的人员数量亦有限。如今则不同——有了更为开放和易于创新的环境，将来的飞跃发展自然令人期待。

而将深层技术带到“风口”的，还包括“解决社会问题已然成为国际共识”的大潮。这股潮流逐渐获得广泛认知。2015年，联合国采纳了可持续发展目标（SDGs，Sustainable Development Goals）。至此，“解决社会课题”成为国际社会的共识。

此外，通过 ESG 投资[①]，旨在改善环境和社会的投资得以推进。随着科技发展，改善环境虽然依旧任重而道远，但其亦逐渐成为具备投资回报前景的“长线项目”，因此在不断吸引中长期投资进场。

20 世纪 90 年代的成功者成为解决社会问题的投资方

传统观点认为，解决社会问题需要大量时间，但不应该是投钱的项目，因此其一直主要依靠社会慈善活动家和志愿者等有识之士。如今则不同——凭借技术力量，其业已成为可持续的商业领域，被越来越多的人视为有回报的投资对象。但由于深层技术需要事先开展基础研究和实验等，既要时间也要金钱，因此要想将其培养为可持续发展的业务，至少要 10 年。

换言之，深层技术的发展需要中长期投资来支撑，而投资的“风口”又垂青了它。从 20 世纪 90 年代至 21 世纪，由于商业成功而获得巨额财富的互联网企业和软件企业的创始人们基于“为了下一代而贡献社会”的思想，开始成为各

① ESG 由环境（Environmental）、社会（Social）和公司治理（Governance）的首字母组合而成，是一种关注企业环境、社会、治理绩效的投资理念。

种社会问题项目的投资方。2000年，比尔·盖茨与其妻梅琳达成立了比尔及梅琳达·盖茨基金会。2018年，马克·扎克伯格与其妻普莉希拉·陈成立了陈·扎克伯格慈善倡议机构（Chan Zuckerberg Initiative）。如今，这股潮流在全球财富界兴起。

如前所述，诸如Y Combinator公司和红杉资本等传统加速器也在逐渐减少对互联网领域的投资，转而向深层技术领域注入长期投资。深层技术被认为是“最后的创新领域”，下面让我们来梳理一下其目前的发展状况。

先介绍一些获得投资的深层技术项目。比如利用豆科根瘤植物来减少地球二氧化碳量的“The Audacious Project”项目。该项目发起人是一位64岁的学者Joanne Chory女士，她在TED环球大会上发表了该项目。

植物与光合成微生物相互作用，能够吸收二氧化碳，并将其以糖类的形式储存于根中。而通过将这些糖类转化为软木脂，就能让植物吸收更多的二氧化碳。Joanne Chory女士还宣布，为了让能储存更多碳素的豆科植物在荒野种植和存活，她会进一步开展研究。

图 2-7 TED 大会

注：TED 大会召开期间，仅仅在一天内，“The Audacious Project”项目就募到了 250 亿日元的资助。（照片来源：Ryan Lash/TED）

The Audacious Project 项目有 8 个，这些项目至少耗时 5 年，且所需资金高达 5000 亿日元。而在发表完毕后的募款环节中，仅一天就募到了 250 亿日元。资助人包括前面提到的比尔·盖茨、马克·扎克伯格，以及谢尔盖·布林等一众产业资本主义社会的翘楚。

对于这种持续性的项目，他们为何不惜巨额资助和投资呢？

简单来说，虽然各种技术和知识在不断进步，但地球环境已然无法承受。面对这种“不可持续发展”的状况，他们或许感到“诸事皆空”，但出于纯粹的创业精神，即“希望解决社会问题”的开拓精神，让他们与这些具备“可持续发展性”的项目结缘。

再如保护海洋的项目，如今其也成为一种投资商品。

为了追求经济利益，之前不少海岸地区会把“开发海滨度假胜地”摆在首位，甚至不惜牺牲自身海洋资源的多样性。但实际上海洋一旦被污染，游客就会减少，渔民也会失业。换言之，由于破坏了原本健康的海洋生态，最终使得当地居民乃至整个国家付出代价，甚至背负债务。如本书第一章中所提到的，这种由经济成长造成的负面性扭曲被称为“外部不经济”。而人们逐渐重视该问题，开始思考“如何避免这种情况，进而创造可持续的经济循环”。

近年来，由于AI和大数据的发展，人们已能够通过计算来权衡，即通过复杂计算能得知“外部不经济会造成多大损失”以及“保护环境会产生多大经济效益”。换言之，依靠AI技术，能够避免“外部不经济”的发生。事实证明，这有利于经济发展，亦具备投资价值。

在该潮流下，基于“海洋保护和渔业经济开发两手抓”的战略，塞舌尔共和国发行了总额为17亿日元的海洋保护债券——蓝色国债（Blue Bond）。发行这样的国债，在全世界尚属首次。

而菲律宾的长滩岛亦是典型实例。其实施了长达半年的“闭岛政策”，为的是解决环境问题。

近年来，该岛游客激增，年度旅游收入飙升至1120亿日元左右。与此同时，由于宾馆和餐饮店的急速增加，其海水和沙滩日益污染，陷入了“旅游资源本身质量下降”的泥潭。对此，菲律宾总统杜特尔特决定对游客停止开放半年，从而争取时间以实施环境对策。具体包括完善岛内的排水处理设施、拆除违章建筑、设定上岛游客数限制（每天最多6400人）等。

该政策暂时剥夺了长滩岛的旅游业收入，其利益相关者和岛上居民自然表示反对，但政府进行了相应的补偿——对于因闭岛而失业或收入减少的大约17000人，政府投入了大约580亿日元的预算补助，并提供了大约5000个工作岗位。通过这一系列举措，最终使长滩岛的自然环境得以恢复。

可见，环境才是资源，保护环境与“可持续的商业活动”息息相关。而长滩岛的成功案例，则不仅向岛内居民，也向全世界表明了这种理念的正确性。不仅如此，它也证明了“岛”这种地理存在本身拥有“成为各种试验地”的特质。

纵观技术革新的历史，可以看出，深层技术既延续了已经诞生的诸多创新，也传承了作为其根源的“解决社会问题”的企业家精神。而本书第三章是关于深层技术具体案例的考察。

第三章

海外刮起的“深层技术旋风”

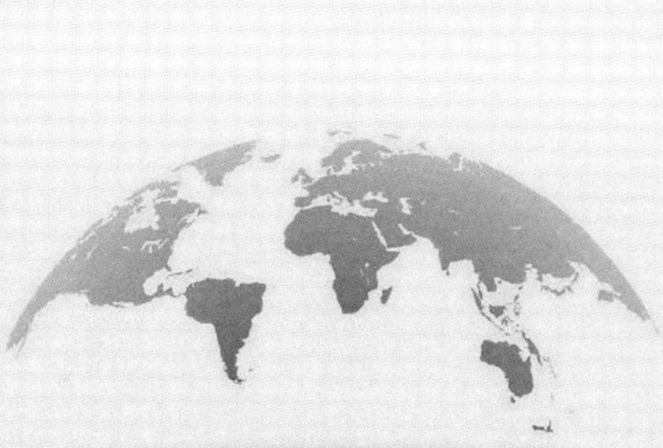

毋庸置疑，从20世纪90年代起，中国扮演了“世界工厂”的角色。但近年来，由于高度经济增长率以及个人消费力的同步上升，在进入21世纪第二个10年后，其制造成本以每年16%的幅度暴涨。再加上1979年至2015年施行的计划生育政策，使得中国今后即将和日本一样，面临“社会生产适龄人口减少”的问题。

从这两点来看，东南亚今后势必会承接“世界工厂”的角色。此外，东南亚还拥有新加坡、马来西亚这样的金融及技术据点。这亦为东南亚的“世界工厂化”创造了极佳条件。

这种制造业据点的转移，自然会为东南亚各国的经济带来巨大变化。但与此同时，其也会造成一些问题。以工厂及基建的维护为例，在东南亚，这依然属于密集型的重劳动工作，事故工伤的发生率绝对不低。而有一家马来西亚的企业则毅然挑战这种本地化的深层问题，它就是数据公司“AERODYNE”。

AERODYNE 的地区化贡献

2014年，作为创业公司的AERODYNE在马来西亚成立，它主营电线、通信铁塔等跨度较广的基建设备的检修业务，以及对建筑施工现场的监视业务。而在开展这些业务时，其将多轴型无人机应用其中。具体来说，其以无人机获取的数据（图像及定位信息）为素材，凭借AI（人工智能）技术，实现对故障部分的自动判定；并通过云平台生成3D数据，提供给客户。

AERODYNE公司把这种服务称为DaaS（Drone as a Service，无人机即服务）和SaaS（Software as a Service，软件即服务）。并通过引入AI及其他尖端技术，旨在降低成本和人工作业风险。

而这一举措的确产生了实际成果——AERODYNE公司的服务使管理通信铁塔的业务效率提升了400%，而作业成本则降低了30%。像这样，把风险和劳动强度较高的“苦差事”交给无人机的话，便能对“被解放出来”的员工进行培养。通过让他们接受培训和积累经验，成为诸如系统工程师等高端人才，从而在社会整体层面创造出更高的价值。

如今，在全世界的无人机业务公司中，AERODYNE 的销售额位居第三（截至 2019 年 8 月），而其增长势头依然迅猛。顺便提一下，对于 AERODYNE，马来西亚数字经济发展局（MDEC）以及马来西亚全球革新和创新中心（MaGIC）等政府机构予以一系列积极的扶持措施，包括减轻法人税、为其与大企业牵线搭桥等。

图 3-1 AERODYNE 公司的无人机

注：成立于马来西亚的 AERODYNE 公司。它的服务使管理通信铁塔的业务效率提升了 400%，而作业成本则降低了 30%。

问题当事者方能创造的“ReadRing”

作为一家科技初创企业，AERODYNE 呈现全球化的成长发展潜力，这或许属于特例。因为在东南亚，旨在解决个人问题的创业公司才是其地域特征的体现。前面提到过的“ReadRing”便是其典型。

据统计，目前全世界中度和重度视觉障碍人士共计超过 2 亿。而据估算，到 2050 年，该人数会超过 5.5 亿。其中，人数最多的是南亚（1170 万）和东亚（620 万）地区，而东南亚也有 350 万。针对该现状，立志制造出易用价低的盲文点字复读设备的公司应运而生，它就是在第一章介绍过的“ReadRing”。

盲文点字复读机虽然一直存在，但其体积较大且价格高昂，因此无法走进盲人大众。为了解决该问题，ReadRing 着手开发基于智能手机的设备，使视觉障碍人士能够轻松“阅读”书籍。

对于视力健全的普通人而言，看书这件事完全是“想看就看，随时能看”，但这种看似理所当然的事情，对视觉障碍人士而言则是不可想象的奢侈。这使得他们（尤其是低龄孩童）丧失了普通人享有的学习和成长的机会。ReadRing 的该项目本身绝非什么高科技，但它给了视觉障碍人士培养才能的“一扇窗”，而这最终会造福整个社会。

值得一提的是，ReadRing 的 CEO（首席执行官）的父亲也是视觉障碍人士，且在泰国建了一所盲人学校。此外，ReadRing 的 CMO（首席营销官）同时也是该公司的创始人之一，其本人也是视觉障碍人士。

图 3-2　ReadRing 为视觉障碍人士而开发基于智能手机的简易盲文点字复读设备

这是唯有问题当事者才能想出的创意和点子，虽然属于“低科技”，其产品也早晚会被别家复制，但这种思维方式和一腔热情是绝对无法被“盗版”的。这不是专利或商业模式的问题，而是了解深层问题的当事者，“从零开始直至成品”的实干意志的体现。这也正是不输于大企业的“深层技术型初创企业”的真髓所在。今后，这样的企业势必会迈入“得道者多助”的良性循环。

围绕“副产品 × 道路”的两大对策

下面针对印度尼西亚和马来西亚的深层问题，各介绍一个事例。有趣的是，它们都在“利用副产品”及“解决道路问题”方面具有共通之处。

先介绍印度尼西亚的“Tech Prom Lab”，其成员皆为印度尼西亚万隆工科大学的研究生，且来自各个国家，其旨在“通过技术融合来解决问题”，可谓一个愿景高远的多国籍团队。

他们致力于开发“以废弃物为原料的建筑材料”。具体来说，他们利用印度尼西亚代表性的产业废弃物——石炭燃料废弃物，力图制造出用于铺设路面的“高浸透性板材”。

由于沥青成本较高，印度尼西亚仍有不少道路是未加铺设的“裸路”，再加上许多路的路边没有设置排水沟，一旦有集中性暴雨，道路就会“水漫金山”。

为了解决这两个问题，该团队的点子便是这种新型建筑材料。这种材料融入了他们所研发的聚合物技术。且其制造工艺较简单，成品的浸透性也较高。具备这些优势的新型材料，有望解决饱受洪涝灾害地区之苦。

图 3-3　Tech Prom Lab 官网页面

注：Tech Prom Lab 以石炭燃料所排出的废弃物为原料，致力于开发一种具备优异浸透性的板材。

其实这种材料存在强度问题，但由于日本的一家化工企业“发现”了这个项目，因此使“材料强度不足”的问题迎来了解决的曙光。值得一提的是，这家日本企业用于解决该问题的技术虽然是其独有，但绝非最新技术。换言之，一家日企的既有“老技术”，通过与当下的深层问题邂逅，迎来了“第二春”。

下面介绍马来西亚的事例。与开发“高浸透性板材”的印度尼西亚 Tech Prom Lab 不同，马来西亚的一家名为

“Paverlog”的初创企业则以棕榈油的残渣——油椰椰壳为原料，致力于“保水性板材”的开发。马来西亚常年高温，而该技术能发挥与“洒水降温”相同的效果。可见，同样是铺路的板材，根据应用场景的不同，其问题就不同，所采用的技术也不同。

用液体净化地球空气

在新加坡，有一家很有意思的创业公司，其诞生于大学研究室，名叫“新重工”。新重工的英语名为“Singapore Heavy Industries”，而中文称Singapore为“新加坡”，取其第一个字，便有了“新重工”这个名字。换言之，这里的“新”既是国名首字，又有“崭新”之意。

这个公司团队只有3个人，其中的代表人物是一位在哈佛大学取得博士学位的新加坡华裔。该团队在对亟待解决的诸多全球问题进行审视和斟酌后，想到了一个以另辟蹊径的方式解决大气污染的点子，并已在美国为其申请专利。具体来说，他们的点子是“以液体为媒介的空气净化系统”。通过触媒技术改变液体种类，从而成功“捕获”各种物质。其实，这种“液体净化”的着眼点，在生命科学领域可谓极为合理的逻辑。

如今，“新重工”致力于提供“对症下药”的解决方案，比如“在工业区使用这种液体进行净化”“使用那种液体净化城市排放的废气”，即根据不同用途来改变液体性质，使其鼓泡化，然后“捕获”空气中的有害物质，最后以污泥的形式排出。这可谓一套全新的空气净化系统。

虽然与液体相关的技术已然突破，但要想制造出成品，则还需要开发高性能泵，而这让他们遇到了瓶颈。他们起初使用在中国网站找到的零部件，“依样画葫芦”地自行安装，结果泵的功能完全不行，这让他们一筹莫展。

后来，通过与日本一家知名的泵制造商合作，使得他们梦想成真的速度一下子加快了。

另外，对这家日本制造商而言，其开发产品的初衷是为了消除工厂中的粉尘，该问题如今在日本已经被解决。而“新重工”的新点子与其既有的泵技术相结合，便在挑战“净化地球空气”这个新概念中得以发挥作用。换言之，地球的深层问题，或许能被作为“老技术产品”的泵来攻克。

新重工团队的3名成员中，除了刚才提到的代表人毕业于哈佛大学，其余两位分别毕业于牛津大学和新加坡国立大学，且皆为亚裔。他们汲取了世界领先的技术和知识，回到亚洲，再结合日本的制造技术和经验，志在挑战“全球性问题”。新重工的事业，完全是 Leave a Nest 株式会社一直提倡的“知识制造业”的典型代表。

无人机“射弹”种苗

而说到“当地可持续发展性”（Local Sustainability），更有代表的践行案例是泰国的“Rice Seed Sowing Drone”。

如今，“务农人口减少及高龄化”已然成为全球性问题。尤其对处于人口增长阶段的亚洲各国而言，“吃饭问题”事关重大。对此，农业自动化被寄予厚望。

在美国和澳大利亚，无人驾驶的大型拖拉机技术的开发和推进，使得高效农业生产在自动化的帮助下成为可能。但遗憾的是，这种技术在泰国“水土不服”。

泰国的农地多位于山间，土地起伏较大，地形也不规则，因此梯田是主流。这导致适合平地的大型拖拉机无用武之地。鉴于此，一种因地制宜的本土化技术受到关注。

简单来说，这种技术即“无人机种苗”。通过在无人机上安装发射器，以“向田地射弹”的方式，把胶囊（内有被肥料包裹的粮苗）均匀地射到田里。

当然，与依靠人工或中耕机仔细育苗的方式相比，这种“靠无人机种出来的米”的品质的确有待商榷。但如前文所述，其目的在于大量生产，即“与质相比，保量为先”。换言之，这种从当地需求出发的“当地可扩展性”，是深层技术的成功形态之一。

图 3-4　梯田

注：东南亚的农地多位于山间，梯田是主流。因此，存在“无法引入平地用大型拖拉机”的问题。

这项技术一旦投入实用，通过让机器收集细致的作业数据，再自动学习，便能实现技术的进化。虽然该技术目前依然处于构想阶段，但 Rice Seed Sowing Drone 团队已经在推进更进一步的研究，包括“通过射击追肥”“只在需要的地方精准喷洒农药”等。

在日本人看来，目前这项技术似乎并无魅力——“无人机种出来的米，味道应该不怎么样”，但若假以时日，比如5年后，Rice Seed Sowing Drone 或许能种出不亚于日本大米的高品质大米。这种潜力完全存在。

更有价值的是，这项技术一旦成熟，就能将其扩展应用于与泰国农业条件类似的其他国家。换言之，以“当地可持续性”为出发点的商业模式，进一步发展为“当地可扩展性”的商业模式，并通过不断建立横向联系，最终拥有全球级市场规模的广阔格局。

烧稻谷壳的“远红外干燥法”

通过无人机实现粮食增产后，接下来必须思考“如何提升粮食品质”。在该领域，有一家想法独特的菲律宾创业公司值得一提。

稻谷壳是稻米生产过程中具有代表性的副产品。而这家名为 KomeTech 的公司便致力于利用稻谷壳干燥大米。菲律宾拥有无数岛屿，水稻产地也自然分布较广，可加工设施却集中在主要城市。因此物流运输费钱费力，且导致大米成品品质低下。如果能在产地现场干燥，便能确保品质。

在菲律宾的农村地区，如今依然通过传统的日光暴晒方式干燥大米。在日本，由于大米干燥机的普及，农户在短时间内便能完成干燥作业。可在菲律宾的农村，依靠日光暴晒，大米最快也要整整 3 周才能干燥完毕。再加上这种古老的方式难以保证品质均匀，因此大米卖不出好价钱。

既然如此，为何不引进日本的大米干燥机呢？这是因为在人口大幅增长的东南亚，与大米的品质相比，增加产量才是当务之急。所以高配置的大米干燥机完全是“功能过剩”，而且各地普遍缺乏购置的预算。

鉴于此，KomeTech 利用副产品——稻谷壳，致力于开发以燃烧它来实现远红外干燥的小型机器。该技术能让远岛产的大米亦能保持较高品质。该项目是以副产品为原料的循环型模式，且通过“装置小型化”实现了去中心化。

该技术一旦实现，便能开发出与农户需求相匹配的低成本干燥机，从而增加他们的收入。当然，因为燃料（稻谷壳）自给自足，所以也无须“燃料输送费”，即通过关注当地人的问题，建立可持续的商业模式。像这种立足于当地的循环型成本和技术思维，能够创造可持续发展的商机，而这便是“当地可持续性”的典型。

可见，不少在日本稀松平常的普及品，在新兴的发展中国家依然是令人“望而却步”的高价品，因此，将当地能够筹措到的资源和技术进行组合，以低成本、可持续的方式解决根深蒂固的问题，便是“当地可持续性”的体现，也是深层技术的形态之一。

向稻谷壳要硅

稻谷壳用途广泛，除了前文介绍的用于燃料的案例外，越南的大学团队成功研究出一种方法，从稻谷壳中生成超高品质的硅。硅的价值很高，其应用范围不但涵盖工业领域，还包括化妆品、医药品及食品添加剂等各种领域。据推测，硅资源今后将出现短缺，因此其价格势必也会上涨。而这项利用副产品生成硅的技术，则在循环型经济方面大有前景。

图 3-5 硅

注：硅不但用于工业领域，还包括化妆品、医药品及食品添加剂等各种领域。而越南的大学团队成功研究出一种方法，能从稻谷壳中生成超高品质的硅。

至于对硅的用途的开拓，马来西亚和菲律宾的团队则拥有独特创意。马来西亚国际伊斯兰大学的团队通过将硅与金属粉末混合，成功开发出以低成本生产诸如碟刹和传动装置等硬质部件的技术。若将这种部件装在拖拉机等农机上，便可实现农业领域的一种社会型循环。

另一个案例是菲律宾的名为 Bac Off 的大学团队。橡胶产业是东南亚的支柱产业之一，但天然橡胶树液具有易腐败的特性。人们通过将稻谷壳中生成的二氧化硅与镍纳米粒子相结合并粉末化，得到一种新型杀菌材料，其效果值得期待。这也是源自副产品的技术，作为一种以低成本提升橡胶产品品质的方式，这种技术受到关注。

用无人机提升生产效率；用“稻谷壳干燥法”提升大米品质；从稻谷壳中生成硅，并应用于各种部件……当人们把关注点聚焦在大米上后，各种问题随之浮现，然后相应的解决问题的创意纷纷出现。而能够辅助这些创意和技术得以实现的日本企业，则绝不在少数。

“问题可视化”催生创意

下面探讨将深层问题“可视化”的意义所在。将问题以简单易懂的方式显现，能够扩大和提升人们对于该问题的认识。这样的案例其实并不少。“臭氧层空洞”可谓其中的典型。

氟利昂（氯氟烃）曾被广泛用于空调、冰箱和喷雾等产品中。而在20世纪70年代中期，学术界认为它有破坏地球臭氧层之虞。氟利昂是一种人工合成的化学物质，其在地表附近难以分解，因此会随着大气被吹向平流层，并在平流层被强烈的紫外线分解，从而生成氯气。这氯气在催化作用下，便会破坏臭氧层，最终导致臭氧层空洞。该空洞以南极上空为中心扩散，这尤其使南半球居民患皮肤癌的风险上升。

但对于该问题，大多数人的反应一度冷漠，一副“事不关己”的态度，因此相应的行动也十分迟缓，导致根本性的解决对策长时间难产。但在 20 世纪 80 年代中期，事情起了变化——通过卫星拍摄的照片，全世界人用肉眼看到，南极上空真的有臭氧层空洞。

该图像太过震撼，使得全球各国终于对“臭氧层空洞”这个地球的深层问题有了一致认识，并开始协同采取对策。到了 1987 年，《蒙特利尔破坏臭氧层物质管制议定书》签订，规定截至 1996 年，全球彻底弃用氟利昂。

如今，臭氧层空洞的确在逐渐缩小。据推测，到 21 世纪中期，空洞应该会完全消失。20 世纪 80 年代时，不少使用氟利昂的企业还反对“禁氟令”，认为这“不可理喻”，但后来通过采用“氟利昂替代物”，它们的销售额不降反升。这可谓人类共同体一起经历的一次“解决深层问题”的成功体验。

虽然臭氧层空洞问题最终像这样获得了突破，但以“全球变暖”为代表的诸多全球化问题依然摆在我们眼前。而像前述的 The Audacious Project 项目那样，为了解决这些全球化问题，不少组织和个人努力征集创意、筹措资金，且这样的支援活动在不断扩大。

在个人活动方面，一名瑞典16岁少女[①]的“罢课活动”可谓典型。目睹成人世界对于气候变动的无动于衷，她感到义愤填膺，因此罢课抗议。而她发起的这股环保运动一度席卷全球多国。为了传给下一代一个“绿色的地球”，对于拥有“可持续性”解决方案的个人和组织，各投资人士和机构的积极扶持是当务之急。且应该重新认识到，这样的投资扶持蕴含商机。

变SDGs为“可持续盈利商业模式”的深层技术

在旨在解决上述全球化问题的讨论中，“SDGs”是经常用到的术语。

SDGs即“可持续发展目标”（Sustainable Development Goals）。它于2015年9月在联合国峰会上被采纳，并被写入《2030年可持续发展议程》，成为全球目标。

该议程由17个可持续发展目标和169个子目标构成，

① 此处提及的少女是Greta Thunberg，她如今是瑞典青年活动人士和环保倡导者，曾入选2019全球最具影响力女性榜。——译者注

基于“不让一个人被落下”（Leave no one behind）的宗旨。与 2001 年的 MDGs（Millennium Development，联合国千年发展目标）不同，SDGs 不仅针对发展中国家，也包括各发达国家。换言之，各国都要对目标进行相应的拆解、分析和设定。

图 3-6　17 个可持续发展目标

对企业而言，或许会被动地看待上述目标，视其为“义务”“责任”。而回顾历史，众企业也的确把这样的目标视为增加成本负担的义务和责任，并努力消化多出来的这部分成本。但若能凭借技术和创意的力量，将“无奈负担”变为

“盈利商机”，甚至是“可自主持续发展的事业”，便是“深层技术”事业的特征体现。而为了从结构上理解 SDGs，让我们回顾一下其“进化史”。

CSR、CSV、ESG、SDGs，直至深层技术

SDGs 的前身其实是名为“CSR”的思维方式。CSR 是“Corporate Social Responsibility”的缩写，即“企业社会责任”之意。在“应直面社会问题”的潮流中，该思维方式等于明确了责任主体。至于“可持续性”的概念，其出现在 1987 年“联合国世界环境与发展委员会（布伦特兰委员会）”所发表的报告书——《我们共同的未来》（*Our Common Future*）之中。该报告书将“可持续发展”定义为“既满足当代人的需要，又不对后代人满足其需要的能力构成危害的发展”。

进入 2000 年后，基于该定义的 CSR 的重要性被纳入讨论范围。到 2010 年，作为针对企业及各种组织的相关国际标准，名为 ISO 26000 的社会责任指南制定完成。

但纵观参与该标准的国内审议流程的“财团法人日本规格协会”的相关资料，亦未提及遵守 ISO 26000 所能带来的

直接经济利益。

表 3–1　全球可持续性投资额的变化（2016—2018 年）

地区	2016 年	2018 年
欧洲	1324.40 兆日元	1548.25 兆日元
美国	959.53 兆日元	1319.45 兆日元
日本	52.14 兆日元	239.80 兆日元
加拿大	119.45 兆日元	186.89 兆日元
澳大利亚 / 新西兰	56.76 兆日元	80.74 兆日元
合计	2517.90 兆日元	3375.13 兆日元

出处：GSIA “2018 Global Sustainable Investment Review”（按“1 美元 =110 日元”换算）。

在这样的潮流下，CSV 应运而生。其在 ISO 26000 生效 1 年后，由被誉为“竞争战略权威”的迈克尔·波特（Michael Porter）提出。CSV 是“Creating Shared Value”的缩写，直译为“创造共享价值”，即“同时实现社会价值和经济价值”的思维方式。于是，企业在自己的“老本行”中引入 CSV，从而获得社会和经济价值的潮流开始涌现。

与涉及企业方动向的 CSR 和 CSV 相对，在涉及投资方的动向中，则有名为“ESG 投资”的潮流。该概念在 2006 年的《联合国责任投资原则》（PRI）中被提及，成为世界共通的投资指导方针。它被称为“三重底线”（Triple bottom line），即不仅重视经济，还强调企业对环境及社会的长期贡献。

以前的投资通常基于对短期收益和风险的判断，但上述理念引入了“第 3 种判断基准”——对环境（Environment）和社会（Society）的长期贡献，再加上包括经济在内的可持续成长及企业治理方针（Governance），使得不仅仅考虑收益性的 ESG 企业和团体日渐成为投资热点。

全球最大投资机构“GPIF 养老金投资基金”于 2015 年 9 月在 PRI 上签字。到 2018 年，全球投资规模约为 3400 兆日元（30.683 兆美元），日本约为 240 兆日元（2.18 兆美元）。

在上述 CSR、CSV、ESG 投资，直至 SDGs 的大潮之下，有许多“利用技术、实现收益”的成功商业案例。下面介绍些许。

在 SDGs 的 17 个可持续发展目标中，与深层技术初创企业较为对口的是第 12 个目标“负责任消费和生产”。与其他目标相同，其包括一系列具体的 2030 年目标，着眼于基于削减（Reduce）、再利用（Reuse）和再生（Recycle）的循环型经济。

表3–2 SDGs的17个可持续发展目标中的第12个目标“负责任消费和生产”

目标	
12.1	各国在照顾发展中国家发展水平和能力的基础上，落实《可持续消费和生产模式十年方案框架》，发达国家在此方面要做出表率
12.2	到2030年，实现自然资源的可持续管理和高效利用
12.3	到2030年，将零售和消费环节的全球人均粮食浪费减半，减少生产和供应环节的粮食损失，包括收获后的损失
12.4	到2020年，根据商定的国际框架，实现化学品和所有废物在整个存在周期的无害环境管理，并大幅减少它们排入大气以及渗漏到水和土壤的概率，尽可能降低它们对人类健康和环境造成的负面影响
12.5	到2030年，通过预防、减排、回收和再利用，大幅减少废物的产生
12.6	鼓励各个公司，特别是大公司和跨国公司，采用可持续的做法，并将可持续性信息纳入各自报告周期
12.7	根据国家政策和优先事项，推行可持续的公共采购做法
12.8	到2030年，确保各国人民都能获取关于可持续发展以及与自然和谐的生活方式的信息并具有上述意识
12.a	支持发展中国家加强科学和技术能力，采用更可持续的生产和消费模式
12.b	开发和利用各种工具，监测能创造就业机会、促进地方文化和产品的可持续旅游业对促进可持续发展产生的影响
12.c	对鼓励浪费性消费的低效化石燃料补贴进行合理化调整，为此，应根据各国国情消除市场扭曲，包括调整税收结构，逐步取消有害补贴以反映其环境影响，同时充分考虑发展中国家的特殊需求和情况，尽可能减少对其发展可能产生的不利影响并注意保护穷人和受影响社区

主办达沃斯会议的世界经济论坛以45个国家为对象，选出了12家代表性的循环型经济初创企业，这里介绍2家。

■用摄像头检查厨余垃圾，每年削减成本 30 亿日元

英国的 Winnow 所开展的业务旨在优化厨余垃圾的处理。

在厨余垃圾桶中安装摄像头和测重仪，摄像头一旦监测到垃圾的变化，AI 便会记录其内容和重量，并向用户提出如何减少食物浪费的建议。该业务已在全球 40 个国家展开，据说实现了每年大约 30 亿日元的成本削减。

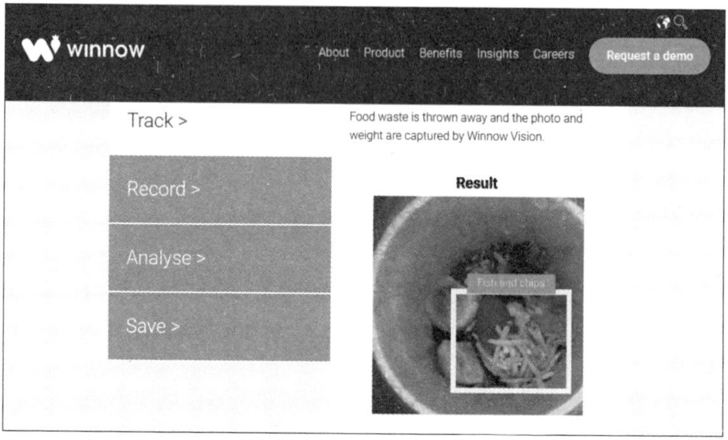

图 3–7　Winnow 的官网页面

他们虽未公示销售额，但既然成本削减效果如此卓著，那么其商业方面的可持续性和盈利前景势必令人期待。

■耐克和宜家都在采用的“零污水染色技术”

对服饰行业而言，“让织物颜色鲜艳”十分重要，但染色工艺中产生的大量化学物质所导致的污染性废水排放，是中国、印度和孟加拉等国面临的严峻问题。

对此，来自荷兰的初创企业 DyeCoo 开发出了一种“特定性染色技术”，能让染剂中的水和化学物质只作用于染色的“目标部位”。他们通过高压，让二氧化碳进入一种介于液体和气体之间的“超临界状态”。将它用于染色，能实现深度到位且鲜艳的染色效果，再加上染色后无须干燥，因此亦节省了时间和电力消耗。此外，流程中使用的二氧化碳的 98% 会被纤维吸收，剩下的也能回收利用，可谓实现了循环。而 DyeCoo 与耐克和宜家等企业的合作也令人瞩目。

图 3-8　拥有“零污水染色技术”的 DyeCoo 的官网页面

建立联系的全新成功模式——“可持续性 PSSD”

对厂家而言，“出售型”销售模式是主流。比如某家电制造商推出了一款最新且耐用的电器，但站在该制造商的立场上看，其实并不希望消费者真把它“用到天荒地老”，产品若是永远不坏，消费者就很难换新，这会导致销售循环停摆，最终无法盈利。换言之，厂家被这种“卖出算数”的销售模式持续束缚，可谓“不得不背负的宿命”。

这种束缚会产生两大问题。第 1 个问题在本书第一章已提及，即其会引发“外部不经济”。大量生产导致废弃物和公害的增加，而因故障而报废的产品也属于产业废弃物。第 2 个问题是“消费者和厂家皆负担成本”。从长远看，延长产品的“服役”时间，对消费者、厂家，乃至地球环境而言，皆是“减负”之举。

作为让这种恶性循环转变为良性循环的对策，“可持续性 PSSD”如今受到关注。概括来说，其通过将“网（互联网）”与“物”相连，使消费者与厂家建立一种持续性联系，通过新的可持续性商业模式，使双方的成本负担（包括初期投资、维护费用等）“平滑化”。而月额制订购（Subscription）服务可谓其典型。

在印度，许多家庭的生活用水仍然来自井水。如果井离家远，那打水就要花费很长时间。不少孩子为了帮家里打井水，无法正常上学。假如能在家附近钻一口井自然最好，但居民们往往没有投资相应设备的经济能力。在此需求下，一种月额制供水服务应运而生。该服务由 Piramal Sarvajal 公司提供。简单来说，居民每月支付水费给公司，而公司则承担钻井的初期投资，故该服务被称为“水 ATM”。只要用户数量足够，该服务在哪里都能实施。

当今全球的贫困问题，归根结底是多重恶性循环导致的结果。就拿上面的案例来说，手头拿不出足够的钱→无法进行初期投资→没有设备→导致更多恶性循环。而上述月额制供水服务则打破了这种恶性循环。通过利用“水 ATM”服务，居民们的孩子就能去正常上学，从而提升受教育程度。而受教育程度一旦提升，便能打破“阶级固化”的桎梏。

再打个比方，假设在一些新兴发展中国家仍有买不起电饭煲的家庭。再假设这样的家庭每天只能去便利店买饭团果腹。结果导致其食品类开支高昂，还产生大量垃圾。为了解决该问题，可以向其提供月额制订购服务。比如每月支付 2000 日元的米钱，契约为期 2 年，而购置电饭煲（初期投资费用）的钱则由服务提供方承担。这样一来，家庭的食品类开支便能缩减，且每天制造的生活垃圾也比之前少了。

话说回来，这样的商业模式为何在印度可行？

印度可谓“现金社会”，绝大多数人甚至没有银行账户和信用卡。在农村地区，赊账记录仍用纸质本子管理，因此没有支持月额制服务的支付平台。

而“充值型”智能手机的不断普及则解决了该问题——手中的智能手机即电子钱包。人们用现金充值话费，而话费便可用于支付月额制订购服务。

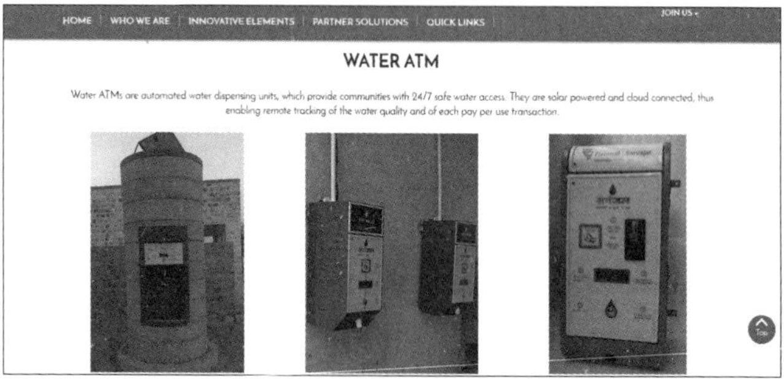

图 3-9　Piramal Sarvajal 公司的官网页面

注：该公司提供一种月额制供水服务。居民每月支付水费给该公司，而该公司则承担钻水井的初期投资。

换言之，通过互联网，让各种“人”与“物”之间建立联系，从而加速可持续性模式的发展。在 B2B 领域亦在兴起同样的变革。

机油订购服务

在发展中国家，不少工厂和工地使用的机器设备较为老旧，其中的电机等部件亦是如此。按理来讲，为了避免电机故障，需要定期加机油。但由于这样的维护保养费时费钱，且机油本身也不便宜，因此往往是“用到电机突然故障停转为止”。可故障修理费用高昂，可谓两难问题。

对此，名为“Kluber lubricants service”的服务应运而生。这是一种月额制服务，只要支付月费，就无须操心昂贵的机油和麻烦的维护，服务提供方会包办加机油和定期维护。这使得机器设备的故障率骤减，工厂也少了支付修理费的负担。

不仅如此，由于按时加机油，电机运转时的振动减少，使长时间操作相关设备的工人患上“振动病”（手臂振动症候群）的风险降低。换言之，月额制服务建立了与客户的持续性联系，进而产生了多方面的可视化效果。

图 3–10　Kluber lubricants 公司的官网页面

用走进大众的 AI 技术　解决当地深层问题

说起 AI，似乎给人以高科技的印象，其实它已经开始走进千家万户。而采用简易 AI 技术来解决当地深层问题的案例亦不少。

比如有一家企业，其在机器设备的电机旁边安装 AI 装置，通过监测其声音的变化，做到在必要时向用户告警。之前，对于电机维护保养的时机，主要依靠专业技工的直觉判断，因此误差在所难免。而通过安装一个价格低廉的 AI 麦克风，该问题便迎刃而解。从技术层面看，这并不“高级”，但正因为 AI 技术走进了大众，类似的应用创意才能像雨后春笋般萌发。

作为上述 PSSD 案例的总结，下面再以第一章中提及的英国 Riversimple 公司为例，进行说明。

在机油的案例中亦提到，对消费者而言，“一次性购入”的商品的保养维护总是一件麻烦事。再以车为例，每次保养都要付钱，还要抽出时间，因此消费者往往有拖延保养的倾向。

而英国 Riversimple 公司提供的服务打破了消费者传统的购车模式。消费者只要支付月费，月费包含了车辆使用费、油费、保养费和保养维护时的代步车使用费。如果这种月额制订购型租车服务延长了车辆的使用寿命，则不但减少了大型废弃物的产生，也减少了汽车由于故障而过量排放有害气体的情况。不仅如此，由于车企与用户建立了持续性联系，能够定期获得持续性收入，因此得以从“卖出算数”的销售模式的束缚中解放出来。

而支撑这种新模式的是 IoT（物联网）的进化。通过在车上搭载传感器，便能自动预测何时需进行保养，并告知用户。如今，通信器材和传感器的价格已较为低廉，因此成了走入大众的“亲民科技”。

可见，由于 AI 及通信器材等技术的进化和低成本化，即便在新兴发展中国家，如今也能实施月额制服务，也能实现之前依靠技工个人经验的“保养告警功能”。总之，归功于技术运用成本的降低和其他相关条件的齐备，使消费者、厂家和地球环境之间有望建立“三赢”的良性循环。

拓展“整体化”视点

像这样，随着互联网发展，各种要素之间的联结变得越发平滑，于是“今后如何扩展这种联结”便会成为瞩目的焦点。在传统的“卖出算数”的出售型社会中，对于商品售出后产生的“外部不经济”，人们几乎从未考虑过。

首先通过联结厂家和消费者来减少“外部不经济”，这在上述案例中有所体现。而今后不仅限于厂家和消费者，还应将原材料提供商、产出相应资源的自然环境，甚至是该土地上的居民都包括在内。至少实现这一步的技术已经具备。接下来就要看社会全体如何相互联结，从而减少各种商业行为所导致的外部不经济。为此，人类有必要共有“实现可持续性未来”的愿景。

在过去的 100 年间，我们人类已经制造了大量全球规模的“外部不经济”，这足以让我们痛心疾首。如今，相应解决方案所需的技术逐渐到位，因此我们必须基于广阔视野，思考如何建立可持续性的全新商业模式。毫不夸张地说，这是我们每个人都被赋予的命题。在此明确提出这一点，也以此作为本章结语。

至此，本书介绍了海外的深层技术事例。那么日本又如何呢？关于深层技术对日本企业的冲击，以及日本的深层技术初创企业的活动等，会在终章进行深度挖掘。

“以现有技术解决当下问题”的重要性

图 3–11 落合阳一
注：图片来自网络。

落合阳一先生是研究者、大学教授、企业家、媒体艺术家。他多才多艺，身份多样，一直在给予社会新鲜的想法和启示。2019 年 1 月，在乐天主办的《乐天新春 Conference 2019》上，他在讲坛上向听众阐述了“xDiversity”（Cross Diversity，交叉多样性）概念。其与深层技术密切相关，且对日本今后的发展道路颇有启迪。

他在会上说道：“21 世纪第一个 10 年，日本将自身的成熟化社会定调为‘亟待解决的问题堆积如山’。进入第二个 10 年，‘技术创造效率’的思潮盛行。那么到了 2025 年，我们应着眼的问题又是什么呢？我认为是‘通过技术使能力多样化，并将其融入社会’。”

对于人口高龄化的问题，他认为，即便有的老人认知能力下降，至少还能搬物和活动；哪怕身体无法动弹，也能通过遥控机器人来代劳。“如何利用技术来提升多样性（Diversity），并将其应用于社会”。在他看来，这正可谓日本今后必须努力的方向。

那么，何谓“多样性”（Diversity）呢？落合先生基于麻省理工媒体实验室的 Ramesh Rasker 所定义的“革新类型”，进行了解释说明。

对于革新，Rasker 以“问题的状态”和“对策的状态”为两大主轴进行分类。前者又被分为“知道能够解决的问题 / 不知道能够解决的问题”，后者又被分为“能够轻易制订对策 / 知道如何制订和实行对策 / 不知道如何制订和实行对策”。而落合先生则点明了其中遗漏的情况，即“不知道能够解决的问题，却能够轻易制订对策”。而这便是“多样性”。

比如，没有相应残疾的人要想找出相应残障人士的问题，就需要听取当事者（相应残障人士）的意见，或者以模拟形式获得相应的残障体验。对此，落合先生举了一个生动的例子——“普通人一旦体验过视觉障碍人士的生活，就能立刻明白，对视觉障碍人士而言，比起吃一顿精致的法国菜，吃一顿寿司要来得轻松方便。”

在“发现多样性问题”方面日本具有优势

到了2025年，出生于人口高峰期的那一代日本人就会跨入高龄层。对此，落合先生认为，这会使日本成为“十分容易发现多样性问题的国家”。解决何种社会问题？如何实现业务化和收益化？如何最终贡献社会？他呼吁道，这些正是我们这代人应该思考的问题。而如今，相应的环境基础已逐步到位。

其中，最大的变化是“相关费用的显著下降”。就拿智能手机来说，如今它搭载摄像头、麦克风等多种功能性硬件，且拥有比上一代电脑更为强大的CPU（中央处理器）。通过软件App，能够实现各种功能。

但他也指出，对于一点，日本人必须转变思维。那就是“何为革新”。直到现在，日本人都有“技术革新才算革新”的固化思维。这造成各行各业都执着于“创造前所未有之物”，为此投入大量资金，且耗费长年累月的时间。

而在他看来，这正是日本的问题所在。他指出，“日本不擅长利用衰萎的旧技术”。换言之，对于“将既有技术重新组合来实现创新”的做法，日本的态度较为消极。

要理解这点，如今席卷全球的智能手机就是个很好的例子。对于由各种既有技术和部件整合而成的智能手机，当初不仅是海外，就连日本的主流声音也对其发展前景持怀疑态度。可 10 多年后，智能手机已然改变了世界。

按理说，日本企业做智能手机简直轻而易举，可真正的革新者却是美国的苹果公司。将衰萎的旧技术进行组合，从而在不增加成本的前提下实现创新。在他看来，智能手机是其典型。

他还指出："目前的日本社会已经丧失了'物尽其用，解决问题'的实用主义思想"。因此在他看来，当务之急是"迅速将手头的技术进行组合，使其适用于实际情况"。

庆幸的是，日本不缺技术。以落合先生在推进的一个项目为例，该项目名为"Telewheelchair"，是对现有轮椅的升级。他介绍道："人们对自动化轮椅的研发可追溯至 20~30 年前。而最近，其所需的相关设备算是到位了。"诸如 360 度全景摄像头、VR 头戴设备、识别人类的机器深层学习算法等，使得轮椅能以较低成本实现追踪行进、探知周围危险障碍等功能。将这些技术进行统合，并用于解决实际问题，这便是"Telewheelchair"的主旨所在。此外，他还强调道，比起"完全控制"，"如何将其投入实际使用"更为重要。

他说："和美国与中国相比，日本的资本和实力皆有限。”鉴于此，他认为，日本当今应着眼于“灵活应用衰萎的旧技术”，从而一边解决社会问题，一边打造自己的下一个基础产业。

可见，所谓“xDiversity”（交叉多样性）的概念，即探索未被发现的课题，并通过组合既有技术来解决它，从而进一步扩展多样性，最终包容至整个社会。而深层技术旨在解决各地区的深层问题，为此对技术抱以“无论新旧，全盘采用”的兼容并包的态度。可见，二者的行事理念极为接近。

关于日本今后在世界上的“定位”，落合先生并不持悲观态度。1964 年东京奥运会，1970 年日本万国博览会。那个时代的日本开通了新干线高速列车，全民普及了以电视机为代表的“3 种神器”（译者注：当时的“3 种神器”是电视机、洗衣机和冰箱，可谓当时现代家庭的标志），推动了“硬件进步”。由此，他主张道：“即将到来的 2020 年东京奥运会，还有 2025 年大阪万博会。在这新时代，日本应该致力于如何依靠软件来解决既有硬件无法解决的课题。”中国将来也会迈入老龄化社会，而日本当然会比中国更先一步迈入。换言之，日本所面临的诸多课题，也是中国乃至东南亚迟早要直面的。

因此他认为，届时日本所积累的课题解决对策便能走出国门，向海外输出，成为日本实现新发展的转折点。而日本之所以应该致力于深层技术，其理由也在此。

第四章

深层技术让日本的潜力“开花结果”

在本章，首先针对“日本的深层技术现状及其前景”这一问题，通过一些创业公司的案例来一探究竟。

先介绍一家利用“马格努斯效应”[①]这种物理现象的公司。该公司名为“Challenergy”，其开发出没有螺旋桨的“垂直轴型马格努斯式风力发电机”。

Challenergy提供“电力”与“联结”

作为一种较为环保的发电手段，风力发电在欧洲等地得到广泛推进，但在日本却远远未能普及。究其原因，是由于

① 当一个旋转物体的旋转角速度矢量与物体飞行速度矢量不重合时，在与旋转角速度矢量和平动速度矢量组成的平面相垂直的方向上将产生一个横向力。在该横向力的作用下，物体飞行轨迹发生偏转。此现象被称为马格努斯效应。——译者注

日本对它“水土不服”。

常见的风力发电机都装有被称为“翼板”（Blade）的大型螺旋桨，螺旋桨被风缓缓带动，其旋转的动力便能发电。可一旦风向紊乱或刮起台风等过强的暴风，它便无法输出稳定的电力，可谓一大短板。日本四面靠海，山地众多，风向长期不变且风力稳定的地区少之又少。这也是日本被认为“不适合风力发电”的原因所在。

为此，“垂直轴型马格努斯式风力发电机”应运而生。按理论来说，它在各种风速下皆能输出稳定的电力。再加上垂直轴型的结构，因此它也不受风向的影响。

至于这种“垂直轴型马格努斯式风力发电机”的用武之地，一般认为主要在远岛，其理由有二：

一是与太阳能发电相比，风力发电本身具有优势。前者需要大面积铺设太阳能电池板，而在远岛，平坦的土地往往优先用于耕种农作物，因此“接地面积”较小的风力发电自然强于其他发电手段。

图 4-1　Challenergy 公司独自开发的垂直轴型马格努斯式风力发电机

注：从理论上讲，它在各种风速下皆能输出稳定的电力，且不受风向的影响。

二是其克服了传统风力发电方式的缺点。装有翼板的传统风力发电机由于螺旋桨在结构上很薄，因此在强风下难免损坏。与之相对，垂直轴型马格努斯式风力发电机由于根本就没有螺旋桨，其被风吹坏的风险自然大大降低。

如今，垂直轴型马格努斯式风力发电机正在菲律宾进行实证性试验。菲律宾的发电成本高昂——据估算，约为日本的 10 倍。在菲律宾的大约 7000 座岛屿中，有 2000 多座有居民常住。而在这 2000 多座岛中，有的为了节约发电成本，至今依然在白天实施断电措施，即只有天黑了才给电。

在解决该深层课题方面，上述垂直轴型马格努斯式风力发电机被认为能够“大展拳脚”。为了能够使其真正投入使用，Challenergy 公司目前致力于削减成本，其举措包括“考虑实现相关部件的当地生产”。

Challenergy 公司提供的其实不仅仅是电力，其针对远岛网络通信基建不完善的现状，在思考提供一种结合卫星通信和 Wi-Fi 的网络接入服务。

在菲律宾，一旦通信基站被台风破坏，修复要花费数月。其间，不少岛屿的居民完全丧失了通信手段。若能向这样的地区提供卫星通信和 Wi-Fi 服务，便等于解决了一大社会课题。

对于 Challenergy 公司的这种尝试，有日本企业在提供资金和技术支援。像这样，解决东南亚的深层课题，培养日本的技术初创“苗子”，而提供支援的日本企业也借此进入东南亚市场。今后，该经济生态可谓日本产业界应努力的方向之一。再说得直接一点，一直标榜“制造大国”“知识财产立国”的日本产业界，在过去的 20 年间一直“旧态依然，不知革新”，而上述经济生态，恐怕是我们仅剩的生存战略机遇。

基于“副产品 × 去中心化”的创业公司

如果说 Challenergy 公司是对海外深层课题“主动出击”的日本创业公司。那么 FERMENSTATION 株式会社则可谓勇敢攻克日本国内深层课题的代表，其开发出独有的发酵技术，能从大米中提取出米炼乙醇。

FERMENSTATION 有两大独特之处。

一是其采用岩手县奥州市的“休耕田”所栽培的“无农药米”为原料。由于劳动力减少和经济问题等，日本的农地在逐年减少。而 FERMENSTATION 则把解决该课题作为其活动宗旨。

原料由来的优势，使这种米炼乙醇自然比传统的工业乙醇具备更高的附加价值，因而拥有开拓新市场的潜力。此外，FERMENSTATION 还让乙醇炼制过程中生成的副产品以及“未利用资源”发挥价值，制成商品。具体包括以未过滤酒糟为原料的肥皂和鸡饲料。而这亦体现了该公司“不制造浪费”的思想。

二是其开发出了小型发酵槽。传统的发酵槽为了追求效率，往往体积较大。而 FERMENSTATION 通过让发酵槽小型化，使各个地区甚至每户农家都能有一个发酵槽。而通过如此普及化地提供发酵槽，其构建起了一种新商业模式——各地区、各农户皆能生产用于化妆品的有机乙醇。

这正是本书第一章介绍的深层技术的关键词之一——“去中心化”的思想体现。这种模式使化妆品也能做成“作坊精制化妆品”，就像作坊精酿啤酒那样。

顺便提一下 FERMENSTATION 的创始人酒井里奈女士，她在 30 岁那年，偶然在电视上看到了利用发酵技术把餐厨垃圾变为燃料的情景。这让她很受触动，于是对“变废为宝”的工艺流程产生了兴趣。后来，她进入东京农业大学学习，掌握了从大米中提取乙醇的技术。在 FERMENSTATION 的官网上，她写有这样一段话。

图 4–2　FERMENSTATION 官网页面

注：FERMENSTATION 开发出独有的发酵技术，能从大米中提取出米炼乙醇。

“发酵技术，源于微生物之力。以其之力，变一物为他物。这种有效利用，让人期盼而激动。与郊县乡村的各位一同逐梦，且与梦渐行渐近。这种工作的感觉令人愉悦。保持国内外各地乡村田园的美丽风景，大量催生各地独有的地域循环型项目，使其可持续发展，并通过项目来联结城市和郊县乡村。这便是我的事业所在。”

FERMENSTATION 将发酵·酿造这种日本由古至今孕育而来的文化，与生物技术相融合。该公司今后又会实现何种当地可持续发展性（Local Sustainability）呢？让我们拭目以待。

“藻类眼虫”的新挑战

再介绍一个着眼于“郊县乡村”和“农地”的项目。该项目属于 Euglena 株式会社，其实现了在室外大量培养藻类眼虫的技术。这种藻类眼虫拥有 59 种营养素。目前，Euglena 正在推进开发和销售以藻类眼虫为原料的食品、化妆品和生物燃料等。

而其推进的项目始于 2016 年，地点位于三重县多气町，名为“生物燃料用藻类生产实证项目”。（日本中部电力集团旗下）中部PLANT服务公司在当地建有木质生物量（biomass）发电站，而Euglena则在该发电站的邻接地建造研究设施，旨在研究和培养“用于生物燃料的微细藻类”。由于木质生物量发电站在发电过程中会排气、排水和排热，而它们能为培养微细藻类提供所需的二氧化碳和能量，因此得以实现生物燃料微细藻类生产的低成本化。

为该项目提供巨大帮助的是冈山市的农机制造商——“小桥工业”。创立于1910年的小桥工业起初是一家铁匠铺，以制造铁锹和锄头为生。直至今日，其制造的中耕机刀爪盘依然广受好评。

而就是这种刀爪盘，在Euglena建“藻类眼虫培养池”时，其发挥了重要作用。再加上使用小桥工业拥有的“田埂土抹技术”，免去了使用混凝土的需要，与传统的培养池建设工艺相比，其建筑成本缩减至大约1/10。

由于Euglena设立了面向2020年的目标——“实现以藻类眼虫为喷气机燃料的商用飞行”，因此“以低成本培养藻类眼虫”便成了当务之急。另外，小桥工业通过参与建设培养池，在有效利用“耕作放弃地”方面做出了贡献。而对多气町而言，等于多了一种增加农户收入的模式。

日本的农地存在各种深层课题，但若能在团队合作、技术应用等方面拿捏安排妥当，则可持续增长（Sustainable growth）的前景依然广阔。

顺便提一下，Euglena 还计划在三重县多气町开展有关“鱼贝类陆地养殖”的实证试验。据 Euglena 的出云充社长介绍，他们正在从两三种“候补”中选择最适合陆地养殖的鱼贝类。而不出意外的话，想必小桥工业亦会参与相关养殖设备的建设。

日本环境设计加速“共生”

下面要介绍的公司名为“日本环境设计”。其创立于 2007 年，其最初是一家拥有“从棉纤维中提取生物乙醇”技术的生物初创企业。其凭借该技术，如今已构建起对废弃衣物和塑料制品进行再利用的回收系统。2010 年，其发起了名为“FUKU-FUKU”的项目，旨在从收集的“垃圾”中提取生物乙醇。如今，该项目已更名为“BRING”的项目。

据日本环境设计介绍，全球制造的衣料产品的大约 60%（每年约 4500 万吨）以石油衍生物——聚酯为原料。而仅在日本国内，每年就有大约 170 万吨的纤维制品被废弃，且其中的 80% 左右或被焚烧，或被填埋。而 BRING 项目则将这些废弃的旧衣服变为原料，从而为“减少石油使用”做贡献。

根据日本环境设计的估算，日本家庭每年产生的垃圾总量约为 4500 万吨。如果从这些垃圾中提取生物乙醇，则日本国内整整 1 年的塑料用量几乎都能以“回收塑料”的方式予以满足。此外，回收衣物和塑料的过程少不了消费者的参与，这也是该项目的特征之一。

日本环境设计创立当初，曾被嘲笑“做环保生意根本赚不了钱”。可如今，时代终于赶上了其超前的思维。该公司所开展的循环型事业，是构筑“可持续性未来”中不可或缺的一环。

图 4–3 “日本环境设计”官网页面

何为“循环型经济”的本质?

FERMENSTATION、Euglena、日本环境设计，这 3 家创业公司的共通之处是“循环型经济”的视点。传统的经济活动是单向的“取用资源→生产制造→废弃”，可谓“单向型经济”。与之相对，循环型经济在生产、消费和废弃阶段皆有资源循环，其旨在实现可持续发展的社会和经济成长。

比如在欧洲，有名为“BIO HOTEL ”的行业标准。该标准对宾馆酒店包含诸多要求，比如“餐饮食物完全使用本地有机食材”“洗发香波和肥皂等也采用有机成分”“被褥、床单、毛巾等织品类以及建材、内部装潢等都尽量使用天然材料”“100% 使用可再生能源”“持续减少二氧化碳排放”等等。宾馆酒店至少要满足上述要求中的 3 项，才能获得“BIO HOTEL ”的评价。

要满足评定要求非常不易，但这种“竭力抑制环境负担”的态度，在这个时代实为极大的“卖点”。换言之，我们已然迈入“循环型经济能够赚钱”的时代。

比如前面介绍的 Challenergy 公司，如果其业务与植物工厂相融合，从循环型经济的角度看，则能迸发出巨大潜力。而说到植物工厂，以东京都千代田区和静冈县富士市为据点的 Farmship 株式会社可谓典型。它是一家农业初创企业，涉足从源头至终端的全套食品科技（Food Tech）业务，即从食材生产到送货到户。

该公司所提倡的理念是“建立多点式植物工厂，并以植物工厂为中心建设城镇社区”。这正可谓去中心化的思想。可若仅凭 Farmship 一家之力，则只能限于食品科技和农业科技这样的闭环。但若能与 Challenergy 这样的企业联手，则打造循环型社会的两大关键要素——“能源”和“食物”的问题便能趋于解决。用风力发电，用该电力种植植物，收获时产生的垃圾则作为家畜饲料。这便成了能源与食物的循环系统。

顺便提一下，Euglena 株式会社已着手类似的循环整合性研究。他们的目标是把 Challenergy 等企业通过风力或太阳能发电所产出的绿色能源用于生产燃料和食品，并将该过程中产生的残渣（副产品）用作牛、鱼等养殖动物的饲料。

不仅如此，一旦将能源与食物循环进行统合，则将来有望建成自给自足的完全循环型城镇街区。

如今，“植物工厂”逐渐受到投资家们的关注。其原因很明确——作为城镇街区“新中心”的植物工厂，以绿色能源稼动生产，使生产与消费的距离缩短，从而减少了物流成本和运输时的二氧化碳排放。此外，其也使以远岛为代表的“去中心化环境”亦有实现富足生活的可能性。前述的 Farmship 株式会社也好，运营“无人化植物工厂”的 PLANTX 株式会社也罢，这些日本创业公司的价值，在今后会水涨船高。

“衰萎的旧技术”也能造福世界

至此，从各个角度介绍了日本国内的深层技术初创企业。最后介绍致力于利用“衰萎的旧技术”来解决社会课题的创业公司。Lequio power technology 株式会社是其典型，它利用日本既有的科学技术，制造和销售通用类医疗设备。

所谓“通用类医疗设备”，其与“通用类医药品”类似，这里的“通用”（generic）是指过了专利保护期限，因此它们能以较低价格生产制造。Lequio power technology 致力于将这种通用类医疗设备推广至教学现场、自由诊疗领域，乃至发展中国家。

Lequio power technology 认为，常规医疗设备与通用类医疗设备所担负的社会职责完全不同。比如在保险诊疗领域，各业内大厂的常规医疗设备是绝对主流。但在其他“外部领域”，较为廉价的通用类医疗设备则能最大限度地发挥“救人”和“育人”的作用。

事实上也的确如此。Lequio power technology 在非洲全境开展对医护人员的教育培训和通用类医疗设备的销售，这不仅提升了各地医疗水平，还创造了不少就业岗位。如今，Lequio power technology 已在苏丹共和国设立现地法人组织，旨在与非洲全境的医护人员建立关系网。据该公司介绍，他们今后计划在各发展中国家扩展业务，从而提升当地的医疗、雇用及教育水准。

超声波检测仪是 Lequio power technology 销售的产品之一。在以非洲为代表的发展中国家，孕产妇和婴幼儿的死亡率至今依然居高不下。保险诊疗领域所使用的新型超声波检测仪价格极高，但属于通用类的同类设备则便宜许多。且通过节电化和便携化的改良，便制造出了价廉的小型超声波检测仪。

这种价廉的超声波检测仪在教学现场亦十分有用。据该公司介绍，为了让学医的学生获得更多的实践经验，他们在积极开展该设备的普及活动，志在最终实现“1 人 1 台”的目标。

发掘社会课题，凭借衰萎的旧技术寻求突破，Lequio

power technology 的这种理念，为“日本制造”的未来指出了一条道路。

小工厂的第三代经营者发明的节水管嘴

在水资源较为匮乏的美国加州，许多餐馆和超市都安装了一种节水管嘴，一时成为坊间话题。它是 DG TAKANO 公司的产品，名为“Bubble90”。DG TAKANO 在日本东京、大阪和美国硅谷皆有据点。Bubble90 是全球首款能够不依靠电力产生脉动流的管嘴，它单纯依靠自来水管的水压便能产生脉动流。与普通管嘴相比，它在不减弱洗净力的前提下，最多能削减 95% 的用水量。

担任该公司董事长的高野雅彰先生是一家小工厂的第三代经营者。他当初之所以会立志开发 Bubble90，其理由有二。一是既有的节水装置不具备令人满意的性能；二是为了解决“全球性水资源缺乏”的课题。如今，全球大约有 1/3 的人（约为 20 亿）受到“慢性水资源缺乏”的影响。据预测，到 2025 年，该数字恐怕会增加一倍。

水资源缺乏的课题并非只属于贫困地区。随着人口急速增长和地下水源的枯竭，它也日渐成为大都市亟待解决的课题。对此，高野先生想到的解决对策是“依靠技术来抑制对水资源的过度利用，从而为城市地下蓄水层‘自然蓄满水’来争取时间”。

在城市，“用水大户”是餐馆和工厂。而它们正是 DG TAKANO 的主要客户。公司名中的 DG 是“Designers’ Guild（设计师公会）”的缩写。而这正是该公司理念的体现——从传统的“职业工匠团体”向新时代的“设计课题解决方案的团体”转变。

图 4-4　TAKANO 官网页面

注：依靠自来水管的水压产生脉动流的“Bubble90”，它能在不减弱洗净力的前提下削减用水量。该产品由 DG TAKANO 公司开发生产。

革新与两难

“打破常识和习惯”可谓革新的关键触发器。而即便从可持续增长（Sustainable growth）的观点出发，亦有怀疑原有常识的必要性。

比如，如果没了螺丝，世界将会怎样？按照常识，铁与塑料无法接合。因此需要用电钻打孔，再制作螺丝和螺纹，从而实现接合。但从长远来看，拧紧的螺丝终会松动。而从“可持续使用”的角度来看，在材质上打孔也是应该尽量避免的。

鉴于此，“异种接合技术”受到瞩目。以铁和塑料为例，通过在二者表面激发氢键结合（hydrogen bond）反应，便能实现异种结合，于是就不需要螺丝了。但这种新技术应该不会迅速推广普及，因为人们不太喜欢对既有业界带来急剧冲击的变化。

举个具体的例子。大型喷气式客机是“用螺丝大户”。而为了及时察觉螺丝的松动，其会进行定期检查维护。而且客机在经过一定的飞行次数后，所有螺丝都被要求强制换新。换言之，对螺丝制造商而言，这是一笔笔定期的大订单。而对大型喷气式客机制造商而言，只要既有技术在成本和安全方面没有问题，就不会特意去全面淘汰旧技术。在他们看来，采用新技术风险较大。

拥有上述“铁塑异种接合技术”的其实是一家日本的化学系创业公司。在传统的飞机业界，由于各种生态和行规已然固化，因此他们的这种划时代技术很难有一席之地。机会反倒是在尚无严格陈规的无人机领域。如今，他们的技术被用于制造无人机。

类似的事例还有 LED 灯泡。有一家企业率先开发出 LED 灯泡，但由于其还经营着传统荧光灯业务，碍于大量的荧光灯库存，其对全面推广 LED 犹犹豫豫。等到其他厂商押注 LED，使 LED 灯泡逐渐成为市场趋势时，其才调整经营方向。（当时）眼看各种订阅型服务兴起，灯泡自然也很容易做成订阅型服务。假如那家企业当初早早放弃荧光灯，推出 LED 灯泡的订阅型服务，或许能够垄断市场。

能否发现“能依靠组合既有技术而解决”的问题

可见，对已获得成功积累的企业而言，要打破上述两难极为不易。下面介绍一些正面案例。

首先介绍一家化学系公司。这家公司致力于开发各种涂层剂，其中包括一种对生物安全的涂层剂。于是乎，他们想出一个点子——用该技术制造可以用在宠物猫狗身上的防水涂层。而众所周知，东南亚炎热多雨，狂风骤雨天，猫狗淋成落汤鸡是家常便饭，主人每次给自己的爱宠擦身体都很费劲儿。

鉴于此需求，如果推出对生物安全的动物用防水涂层剂，那销路势必不会差。这正是“了解当地情况”后才会有的创意，光靠市场调研和营销是绝对想不到的。

而在“如何让既有技术发挥‘第二春’”方面，打印机厂商的案例可谓典型。打印机原本的技术核心是打印喷头，通过喷头来呈现色彩层次。而这种技术通过与材料技术相结合，便孕育出了 3D 打印机。

3D 打印机的确是一种技术革新，但其用到的“见光硬化”的光固化树脂早已存在，因此亦可被视为“两种旧技术的结合”。就像集成诸多既有技术而生的智能手机一样。

而说到“最尖端高科技与低科技结合”，则又不能不提 Euglena 株式会社。在着手开发大约半年后，其成功实现了藻类眼虫的室外大量培养。而这成功的背后，是积累了 40 年的“低科技”——室外大量培养小球藻的技术。这种既有的“低科技”，加上大阪府立大学中野长久教授提供的有关藻类眼虫的尖端科研成果，便取得了实际性突破。

不仅如此，通过这样将“低科技”与“高科技”相结合，Euglena 还致力于解决“孟加拉国民营养失调”这一深层课题，并最终取得了成果——其成为全球首个成功大量培养藻类眼虫的公司。藻类眼虫能作为燃料使用，且该过程中剩下的残渣能成为牲畜饲料。Euglena 这种志在创造完全循环型社会的理想，正在一步步成为现实。

顺便提一下，生物量（biomass）领域有被称为“5F”的“焦点”，即 Food（食物）、Fiber（纤维）、Feed（饲料）、Fertilizer（肥料）和 Fuel（燃料）。而 Euglena 则计划全数着手这 5 大焦点。

技术与问题的相互交叉

向新重工提供泵技术的公司也好，Euglena 株式会社也好，这些案例的共通之处在于，企业认识到“自己的技术优势在当下的应用范围十分狭窄”，进而探索其他的可能性，从而为社会提供新价值。

比如向新重工提供泵技术的那家公司，其最强的技术是“改变水压并输出”。该技术自然能用在下水道和高层建筑中，可这样的应用范围依然有限。但若能跳出固有思维，想到“如果泵里不是水”的情况，便能豁然开朗，发现能应用该技术的新领域。

换言之，这等于是一种基于“技术驱动”的反省——“该技术当下的应用局限为何”。再如，开发出了一种涂层剂，但目前只用于涂抹在玻璃等平面上，于是可以思考“如果涂在颗粒物上，会有何种效果呢？”这是一种将技术与课题相互交叉的思维方式——首先以技术为基础，然后从完全不同的角度导入深层课题。

这种技术与课题的相互交叉，正是如今日本企业应具备的视点。“技术是否最新”其实并不重要，或许反而是“衰萎的旧技术”“沉睡着的技术”更能为解决深层课题发挥作用。因为越是基础的技术，其通用性往往越高。而这种基础类技术，正是日本的优势所在。

仅仅一个泵，便在农业、医疗、环境、生活和基建等多领域前景广阔。不同于从零开始创造新事业，而是将深层课题与自己公司的优势进行比对，思考“二者相互交叉能带来什么”，从而开拓未来。

通过对先前未曾想到的领域进行调研验证，或许能收获意外发现（serendipity）。而这种能触发意外发现的“深层课题宝库”，就沉睡在东南亚等新兴市场中。这也是本书反复强调的观点。

利用“热气”这种副产品

下面再介绍一个日本制铁企业的案例。该企业将制铁过程中排放的热气进行再利用，从而创造出一种新业务。在固有概念中，数千摄氏度的热能能够被有效再利用，因此是一种高效的可回收资源。可与之相对，制铁时产生的热气介于50~200摄氏度，由于难以再利用，之前一直被废弃。

但在农业领域，这却是最为理想的热能强度。以嗜热菌为例，培养它的适宜温度是80摄氏度左右。按照传统方式，这样的温度需要大量电力来维持。可如果利用制铁的副产品——热气，就实现了“一箭双雕”的效果。此外，在农业栽培作业中，为了创造“热带地区”的温度环境（50摄氏度左右），传统方式是“烧锅炉制热”，若利用上述热气，就能以较低成本在日本栽种可可树等热带植物，从而生产巧克力等。

不仅如此，由于嗜热菌会进行光合作用，因此会吸收二氧化碳。而研究还表明，嗜热菌有吸附重金属的能力。如果从事相关研究的初创企业能与制铁企业开展合作，则制铁企业就不仅仅生产钢铁，还能拓展许多基于自身副产品——热源的业务。从而创造出一种循环型经济模式。

说到这里，顺便提一下大家熟悉的智能手机。当对废弃的智能手机进行拆解和溶解处理时，其含有的一部分稀有金属会溶入水中而流失。若能将溶解加热时的热能用于培养藻类，藻类就能吸附这部分稀有金属，从而实现回收。而一家名为“Galdieria 株式会社”的公司已经在开展该业务。

总之，不管是制泵企业，还是制铁企业，这些大公司的常规业务中，其实皆蕴藏着构建“循环型经济模式”或“副产品业务模式”的机遇。这样的潜力，也许亦可视为一种“沉睡科技”。

要想具备这样的思维和创意，就要将问题具体化——只有“环境问题”这样空泛的概念并不够，关键要找出疑问点，并将疑问深化、进化。唯有经过这样的流程，才能触及“深层课题”。

以印度尼西亚的道路为例，稍有大雨，路面便“水漫金山”。原因为何？“大概因为雨量大吧。”若止于如此表层的思考，则只是浅薄的“疑问”而已。

关键在于能否更进一步，发现真正的课题——“因为没有下水道”。土壤能吸水，沥青则不能。这才是“一下雨就发大水”的原因所在。通过深挖疑问，触及深层课题，并思索解决方案——利用将石炭燃料废弃物和聚合物进行混合调配的技术，生产出亲水性的新型板材，这便是创业公司 Tech Prom Lab 的业务。在本书第三章，已对其进行了介绍。

换作日本人，可能会心存疑虑——“用这种靠副产品做出来的板材铺路，强度是否够呢？”但要知道，该课题与路面强度无关。当地的当务之急是铺设高吸水性的板材以防止漫水。若日后破损，大可换新。

这个故事还有“续集”。一家日本企业在得知该产品后，发现“只要添加我们的一种药品，便能提高它的强度”。对那家企业而言，那种药品或许是“老旧的技术成果”，但由于亲赴东南亚，实际考察了当地的深层课题，才能发现这样的商机，从而成为助力实现“当地可持续性”的企业，创造出新的价值。

技术植入项目

随着对深层课题的不断考察，便有可能意外地发现“自身拥有的技术居然能发挥作用”。这种将自身保有的深层技术应用于深层课题的行动，本书将其称为“技术植入项目”。

对日本的各大企业而言，如今正是“坚信自身的深层技术，并使其走向世界”的时代。这些企业既有的技术储备，已足以解决世界各地许多的课题。

比如，印度尼西亚和马来西亚有名为“JAMU”（佳木）（译者注：JAMU是一种印度尼西亚的传统草药疗法，也是对当地草本草药的总称）的草药文化。（药师）只要看一下患者的脸，就会出“诊断结果”——“用这个和那个（草药），这样混合，喝了就好”。但对不属于该文化圈的人而言，这是让人“云里雾里”的睿智。若能在这种传统文化中加入现代医学的元素，说不定能制定出全世界首个“草药混合技术标准”。

再如，菲律宾有数百种当地语言。各语言有各自的文化，文化中包括各语言独有的微妙语气、科学技术和社会课题。若能将这种当地的传统知识与现代技术相结合，则很有可能获得激动人心的发明和发现。

为了不重蹈“显像管技术”的覆辙

前面提到的DG TAKANO公司的高野先生曾说：“在电

视技术由显像管向液晶过渡时，一家显像管制造商倒闭了。倘若该制造商当时能把既有的显像管技术用在其他领域，它或许就能活下去。”

在电视技术领域，显像管被淘汰的确是大势所趋，但如果能把该技术灵活应用于其他地方，或许能解决不少课题。可如今，精通显像管技术的人才已不存在。哪怕今后出现能依靠显像管技术解决的课题，一切研发又要从零开始。这便是高野先生这番话所揭示的意义。

为了不重蹈“显像管技术”的覆辙，“企业察觉深层技术的潜力”是首要关键。只有尽早尽快地为“既有课题”和“老旧技术”牵线搭桥，才能留住宝贵的既有技术人才。为此，企业要以“发现课题”为目的，尽可能迅速地采取行动。

勿忘东方思想

回顾历史可以发现，日本也曾以日语这种“本地化工具”为“武器”，与世界他国展开竞争。让“UMAMI”（鲜味）一词走向全球的味之素株式会社，把“KAIZEN”（改善）概念推广至全世界的丰田汽车……它们都是其中的典型。当然，提出“音乐便携化”理念的SONY亦是代表之一。

曾凭借他国不具备的感性和概念（东方思想）与世界分庭抗礼的日本，却在不知不觉间为西方的营商思想所渗透，其结果不言而喻——在全球化大潮中，日本逐渐失去了优势。

认识这点至关重要。东方思想，或者说像“意外发现”（serendipity）那样，从纷繁复杂的现象中寻找意义之举，其原本属于日本人的强项。如今，我们需要重拾初心，在营商中唤回这份感性。

作为“知识经营”理念的创始人，野中郁次郎先生曾说：“大家之所以失败，是因为总是立即制订计划，然后力图一切按计划行事。要学会去发现偶然，要长期保持一颗拥抱偶然的心，否则只会徒劳无功。”

越是刻意想出成果，却越是难有所获。反之，乐在其中，试着用感性去邂逅意外发现，则能有所收获。在今后的“共生型社会”中，这样的思维方式会越发显得重要。换言之，必须具备“总之先试着放手去干”“总之先尝试联结组合”的好奇心。

尤其是深层课题，必须用心感受，拥有真诚决心，才能出成果。所谓深层技术，无外乎“解决深层课题的技术集合体”而已。偶然集合的多种技术，正好能解决目标课题。其核心包括东方思想、事物偶然性，以及长远眼光。当然，还包括“可持续性”这一关键词，否则不可称其为深层技术。

而且，深层技术还是将大企业、日本国内的创业公司，以及东南亚的创业公司、研究人员乃至各国等“玩家”包括在内的“运动体”。其需要的并非“中心化统率”，而是不受诸如契约和组织属性等传统条条框框拘束的“多样化成员间相互作用”，即所谓的“流动性关系”。

在该关系中，可进行价值交换的资产并非只限于金钱，还包括知识、数据、技术、经验、关联性、市场准入等价值和概念。通过构建这样的经济生态，便能推动深层技术这个“运动体”不断前进。

假如对上述理念不感兴趣，那么大可继续追求高科技，凭借单一技术赚取大量利润。但这样的时代正在逐渐步入终结。

我们已经进入了一个无路可退、不得不直面“深层技术”这一关键词的时代。地球环境问题刻不容缓。也正因如此，我们必须高瞻远瞩，放下沉重的心理包袱，以一种全新的感觉来处理课题。

日本曾以基于东方思想的制造业得以崛起，并震惊世界。对此，东南亚一度激起“Look East”（鉴东兴国，学习日本）的思潮。可如今，情况已发生逆转。日本现在要关注东南亚，学习东南亚。

从他们那里了解、认识课题，然后对其运用我们拥有的深层技术。对地球而言，这或许是今后迫切需要的经济和生态模式。

后记

最近，我在各种场合宣传深层技术，但发现仍有不少人对其缺乏了解。对今后的日本而言，深层技术正是贡献世界的最佳方式，可令我意外的是，对其深刻理解的人依然少之又少。这不仅意味着错失贡献社会的机会，还意味着眼睁睁地错失商机。

为了打破这一现状，我觉得有必要写一本能够加深人们理解深层技术的书，可没想到这么快就得以实现。而加速促成这一切的，是尾原和启先生。

尾原先生自己其实也并非一开始就对深层技术充分了解之人。我在 2019 年 5 月与他见面，而他在得知我们 Leave a Nest 株式会社在东南亚 6 国推进的“Real TEC Acceleration Program”（实用技术加速助力项目）后，居然自费前往印度尼西亚、菲律宾、泰国和马来西亚，开展实地考察。

令人欣喜的是，尾原先生至此成为深层技术的拥趸。他的慧眼已然发现，东南亚拥有无数的固有课题，若能将日本的创业公司、传统企业以及研究机构的深层技术应用其中，不管是从可持续发展性的角度，还是从商业投资的角度，都有无限前景。

之后数月间，在他的热情鞭策之下，本书不知不觉就完成了。从该层面来看，本书可谓我与尾原先生彼此的知识、感受、感性的一次互补，是一种化学反应，是基于"知识制造业"原理而诞生的一册著作。我敢在此预言，尾原先生在这个时机对深层技术抱有兴趣的机缘，其产生的福报必定会在若干年后让不少商业人士和科研人士心怀感谢。在此，请允许我先替他们对尾原先生表示谢意。此外，我还要真心感谢他在过去几个月的合作陪伴。

自 2002 年创立 Leave a Nest 以来，我一路推进象征共生型产业的"东方思想"。Leave a Nest 开展的加速助力项目当然也包含西方思想，但"以此为框架，深化共生型产业理念"才是我们"Real TEC Acceleration Program"的主旨所在。

换言之，我们一边引入"定下期限，以批量化（bulk）方式推进项目"的西方商业逻辑，一边致力于推广"共生型”“可持续发展型”的东方思想。我们相信，对于“资本主义常识”逐渐不再适用的将来，东方思想是连接未来的有效桥梁。而这正是 Leave a Nest 试图通过深层技术实现的价值。

从该意义层面来看，以比尔及梅琳达·盖茨基金会为代表的机构增强了我的信心。通过最大限度地发挥西方的营商逻辑，它们收获了莫大成功，成长为 IT 巨人。而如今，它们着眼于全球的深层课题，尝试以组合深层技术的方式予以解决，并将该活动本身视为“商业投资”。这正是在推进共生型价值观。

实际上，全球都在向共生型产业急速转型。Uber 和 Grab 可谓共生型产业的代表。对它们而言，像丰田、本田这样的车企是不可或缺的合作伙伴。而对一众车企而言，之前未曾料想到，像 Uber 和 Grab 这种横空出世的“新玩家”，居然会将汽车交通产业拓展至此。

其实，我在大学时代的研究课题是“互惠共生”。以根瘤菌和豆科植物为例，前者给予后者氮元素，后者给予前者碳元素。这种为了共生而相互提供能量的关系，便是互惠共生。

保持这种互惠共生的关系，应该是日本人自古擅长之事。明明拥有不少创立100年、200年的“长寿企业”，却去效仿西方的“零和博弈”。这或许对金融市场有益，但却削弱了长青企业的“生命力”。

以比尔及梅琳达·盖茨基金会为代表的社会创业机构的出现，以Uber为代表的共享经济的崛起，这些世界潮流背后的真正意义，日本企业是否理解到位呢？面对这种现状，本书亦有“敲响警钟”之目的。

由此看来，本书的目标读者之一正是那些整日执着于PDCA循环[①]的日本企业管理人员。我绝对没有全盘否定PDCA的意思，只是如果要“解决今后的课题”，并将其发展为“可持续性的商机”，就不能一味地靠计划（Plan）来启动，否则只会原地踏步。

换言之，需要的不是计划，而是热情。具体来说，即QPMI循环。这是我们Leave a Nest倡导的新概念，旨在实现创造革新。对于高质量（Quality）的问题（Question），个人（Person）倾注崇高的热情（Passion），与能够信赖的伙伴（Member）一起，将其转化为目标（Mission），进而致力于解决实现问题。且通过不言放弃的持续试错，最终实现革

---

① PDCA循环是一种持续改进模型，其包括持续改进与不断学习的四大循环步骤，即计划（Plan）、执行（Do）、检查（Check/Study）和处理（Act）。

新（Innovation）和发明创造（Invention）。这便是“QPMI 循环”的思维方式。

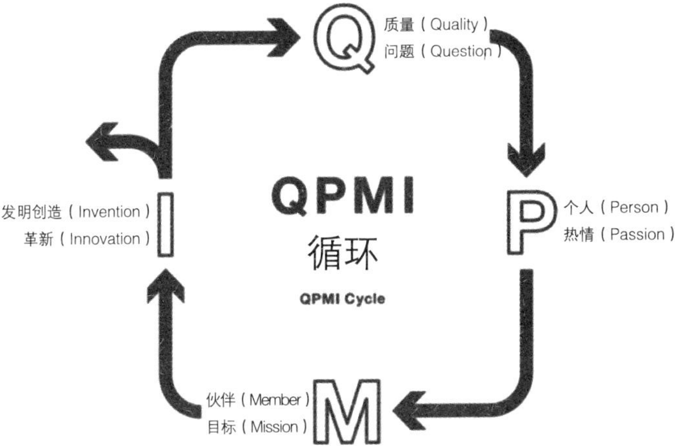

深层课题是其典型。它在个人的热情下被发掘，然后与能够信赖的伙伴一起，将其转化为目标，并致力于解决实现问题。志在改善孟加拉国民营养失调状况的 Euglena，志在解决菲律宾孤岛无电状态的 Challenergy，尝试用发酵技术解决“休耕地增加”这一日本深层课题的 FERMENSTATION……本书介绍的日本创业公司无一例外，皆在以 QPMI 循环的方式驱动前行。

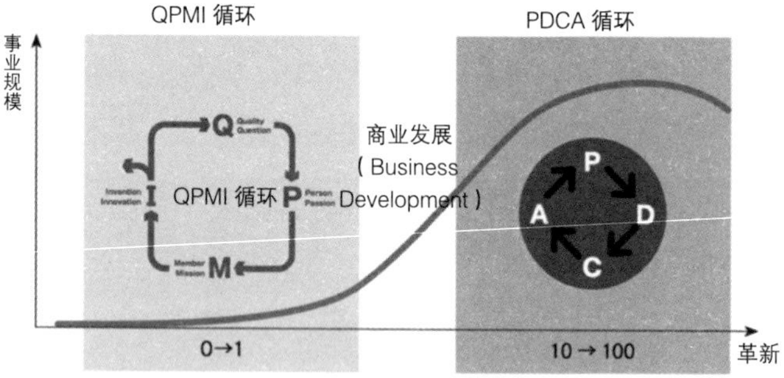

不仅仅是它们，我与尾原先生一同邂逅的那些东南亚创业公司亦是如此。油椰子壳，道路浸水、视觉障碍、不通电……为了解决东南亚的这些深层课题，它们皆在怀着满腔热情而努力。说得“赤裸裸”一点，它们发掘的这些深层课题，正是日本企业求之不得的“宝藏”。且正如本书第四章所述，要解决这些课题，需要的不是“尖端技术”，反而是“衰萎的旧技术”“沉睡着的技术”。

我还想再提一下那家泵制造商的事例，他们通过将技术与深层课题相结合，使沉睡着的技术发挥出新的价值，且充分具备扩展至全球的潜力。

各位企业的负责人或管理人员，如果你们想参观美国硅谷，当然没问题。但如果你们想创造“全球规模”的价值，则应该去东南亚。“百闻不如一见，营商自体验始”，这是我践行至今的理念。从我个人的经验（或者说直觉）出发，我觉得如今再去考察美国西海岸已过时，日本企业现在“走出去”的目的地应该是深层课题的宝库——东南亚。

若本书能点燃各位热情的火种，则可谓令我喜出望外的收获。那么接下来希望各位能与伙伴一起反复试错，为了“地球的将来”实现创造革新。

在接近本书结尾之处，我还想向各位介绍一个理论框架，其名为“与深层课题邂逅的 5 大方法”。先列出方法项目，它们分别是① 舍弃固有常识；② 舍弃对眼前销售额和利润的执着；③ 兼具长远眼光和具体短期（1 年后）愿景；④ 持续进行“初次尝试”；⑤ 在做到①至④的基础上，与一线的初创公司交流沟通。下面逐一解说。

① 舍弃固有常识

与企业内“沉睡科技”相关的人员，往往抱有“想把该技术用起来”的执着。可结果却导致短视。以显像管技术为例，就是因为大家固执地认定“显像管技术只能用在电视上”这个死理，结果导致其消亡。其他“沉睡科技”要引以为戒，避免重蹈其覆辙。

换言之，要把自己固有的“常理”先放一边，以一颗赤子之心，与一线的创业家和创业公司面对面交流。

② 舍弃对眼前销售额和利润的执着

在单纯被利益驱动的人眼中，深层课题或许毫无价值——“视觉障碍人士？吸水性板材？盐灯？这些东西根本就无利可图。”一旦考虑起眼前的销售额和利润，便已与深层课题无缘。

所以说，关键要怀着一颗赤子之心去探寻深层课题，并以一颗赤子之心去倾听现地创业家和创业公司的声音。只有这样，才有可能拨云见日、茅塞顿开——“咦？（该课题）好像可以用我们既有的技术解决”。

如今是“可持续性社会”和“循环型经济”的时代，所以不要先执着于赚钱，而应该先着眼于课题。一旦水到渠成，盈利并不遥远。就像本书第三章中介绍的泵制造商的事例，各位公司所拥有的“老旧技术”，说不定也能变成拯救地球的深层技术。

③ 兼具长远眼光和具体短期（1 年后）愿景

这点也极为重要。课题越大，解决就越费时间，因此需要把眼光放长远。

但再长远的计划，也源于每年一步一个脚印的积累。所以既要以“纵览全景”的方式畅想未来，也要以“放大局部”的方式聚焦接下来3个月至半年的行动计划。换言之，既要有长期愿景，也要务实地决定接下来3个月该干什么，并付诸行动。这样一来，就能不断发现课题。整天口头嚷嚷着要“革新”的人，其实往往不是革新者。反倒是脚踏实地之人才能够激活新的结合，从而改变世界。

④ 持续进行“初次尝试”

在过去的17年间，我们Leave a Nest一直在持续进行“初次尝试”。以近期为例，针对泰国的初创企业，我们决定对它们在申报专利方面予以资金援助。此外，我们还带东南亚的初创企业一行人去现地考察大田区的小工厂，并实地试制了产品。这都是我们的初次尝试。通过不断进行这种尝试，“初次见面”的人也会越聚越多，而在交流过程中，就有可能获取有用信息——“这个（课题），一直没人能解决……”换言之，初次见面的人可能会带给你初次耳闻的课题，而这便是激活“新结合”的契机。

⑤ 在做到①至④的基础上，与一线的初创公司交流沟通

舍其固有观念，不执着于利益，兼具长远眼光和短期愿景，持续进行“初次尝试”。在做到了这些后，就可以试着去和一线的年轻人交流沟通了。在该过程中，能够奇妙地启动自己的洞察直觉——“把这项技术和那项技术相结合，便能解决该课题……”

不过令人遗憾的是，这种“洞察直觉”并非一朝一夕可养成。但如果不从现在起努力养成，不从现在起具备这样的意识，如今被埋没的一众技术恐怕永无出头之日，而日本的优势——知识储备和“沉睡科技”，恐怕也会永眠于尘封之中。

如何？舍弃固有观念，暂时放下对眼前销售额的执着，这的确有悖于所谓的“商业常识”。但若想与深层课题邂逅，则做到上述 5 点极为重要。这是我过去 17 年间营商生涯中的切身体会和心得。

信不信由各位，但我认为，如今正在被埋没的一众技术，将来会像显像管那样一去不复返。而至少在东南亚，存在许许多多有待挖掘的深层课题，而日本企业则手握有可能解决那些课题的技术。若二者能匹配联结，便终将形成可总称为“深层技术”的知识集合体。

最后提一下，我虽身为企业经营者，却几乎没看过经管类书籍。至多只翻阅过吉姆·柯林斯（Jim Collins）所著的 *Built to Last: Successful Habits of Visionary Companies*（译者注：中文版书名被译为《基业长青》）。我心中的“企业经营教科书”反而是一套介绍生命科学的书——《THE CELL》。

所谓生命科学，正是尽量节约能量、巧妙地以循环方式维持生命状态的“完全循环型模式”。希望各位思考一下，我们人类是多么奇妙的存在。人类靠 1 个饭团也能活一天，但同样“低功耗”的电脑或其他智能设备至今仍未问世。换言之，生命体一直在极力高效地循环利用一切副产品。而这样的生命科学和“生态系统观”，一直是我从事经营活动的基准所在。

我所说的“东方思想”，便是指这种顺应生命的思维方式。不管是作为学者还是企业经营者，想必我将来也会一直遵循该原则。

至于我为何要在本书结尾处说这些，是因为在我看来，今后唯有深层技术才能触及“如何维持，如何扩展”的生命本质，并担负起承载它的重任。

倘若人类依旧保持目前既有的生活方式，则在不久后，就需要两个地球的 Food（食物）和 Fuel（燃料）才能满足。在这种荒唐的现实来临之前，人类应该审视既有的技术，并用它们赌出一个光明的未来。而这样的权力，则在我们每个人手中。

丸幸弘

译后感

商业活动的原点、人类活动的原点

本书的作者，一位是企业界和风投界的“天之骄子”，一位是未来学和人工智能领域的精英，在当前的现实环境下，二位合著的此书可谓意义非凡。

该书的思想主旨可以用几个关键词来概括——“深层课题”“深层技术”“可持续发展”“共享经济”“循环经济”。本书认为，这些看似十分时髦的“风口热词”，既是未来投资的热点，也是日本这样的传统制造技术大国摆脱困境、实现转型的出路。

仅仅是参考和学习书中提及的各初创企业的项目，便足以使读者（尤其是从事投资领域工作的读者）醍醐灌顶，启发良多，且该书的高度远不只如此。

就如本书作者之一的丸幸弘先生在本书“后记”中所述，“循环经济”其实是人类对自身本源的回归，在从蒙昧时代发展至制造工具，再到工业革命后实现大规模生产，人类在渐渐实现自身富足和技术积累的同时，却逐渐与自然、天理背道而驰——对各种资源的浪费挥霍，对自然环境的污染破坏，而这种恶果正在渐渐反噬自身。在这样的现实情况下，诸如“可持续发展”“共享经济”“循环经济”等新概念和投资风向，其实是人类的觉醒，也是人类从“向外求”转为“向内求”的转折点。就像丸幸弘先生在书中所述——“希望各位思考一下，我们人类是多么奇妙的存在。人类靠1个饭团也能活一天，但同样‘低功耗’的电脑或其他智能设备至今仍未问世。换言之，生命体一直在极力高效地循环利用一切副产品。而这样的生命科学和‘生态系统观’，一直是我从事经营活动的基准所在。”

愿此殊胜之心念也能够唤醒中国国内的许多投资者，不再以虚无主义而短视逐利，而真正明白何为真正“无漏之利益”，并勇于践行之。

潘春艳

图书在版编目（CIP）数据

深层技术 /（日）丸幸弘，（日）尾原和启 著；潘春艳 译 . — 北京：东方出版社，2023.1
ISBN 978-7-5207-2070-0

Ⅰ. ①深⋯ Ⅱ . ①丸⋯ ②尾⋯ ③潘⋯ Ⅲ . ①技术经济分析 Ⅳ . ① F062.4

中国版本图书馆 CIP 数据核字（2022）第 220032 号

深层技术
（SHEN CENG JISHU）

作　　者：[日] 丸幸弘 [日] 尾原和启
译　　者：潘春艳
责任编辑：刘　峥
出　　版：东方出版社
发　　行：人民东方出版传媒有限公司
地　　址：北京市东城区朝阳门内大街 166 号
邮　　编：100010
印　　刷：北京明恒达印务有限公司
版　　次：2023 年 1 月第 1 版
印　　次：2023 年 1 月第 1 次印刷
开　　本：880 毫米 ×1230 毫米 1/32
印　　张：5.375
字　　数：89 千字
书　　号：ISBN 978-7-5207-2070-0
定　　价：45.00 元
发行电话：（010）85924663 85924644 85924641